人生を美しく生きる女は、服の下から美しい

フランス女性に学ぶ大人のランジェリーのすべて

Paris Undressed

著＝キャスリン・ケンプ‐グリフィン
KATHRYN KEMP-GRIFFIN

Discover

人生を美しく生きる女は、服の下から美しい

フランス女性に学ぶ大人のランジェリーのすべて

Paris Undressed

著＝キャスリン・ケンプ・グリフィン
KATHRYN KEMP-GRIFFIN

Discover

Not Sexual
But Sensual

Introduction

［はじめに］

ランジェリーは哲学

アメリカ女性が（おそらく日本女性も）、服の下に着ているのは、下着。
フランス女性が着ているのは、ランジェリー（編集部注：ちなみに日本のデパートでは「肌着」です）。

フランス女性は、生まれながらに、魅惑的なボディを持ち、優雅でセンシュアル（性的ではなく官能的）な生き方ができているように見えるかもしれないけれど、そうではありません。秘密があった！

それが、ランジェリー。

アメリカでランジェリーといったら、何千ドルかのお買い物をしたときにお店がくれる特別プレゼントか、特殊なお仕事か特別な夜のための贅沢品。
でも、フランス女性にとってランジェリーは、生き方そのもの、幸福な人生とは何かを示す哲学なんです。

たとえば、ブラ。いいブラは胸の形をきれいに見せて、周りからの印象をアップさせるだけじゃない。つけている自分自身が、きれいな胸だな、と自分で感じて、自分自身に対する評価がアップする。だから、フランス女性は、あんなに自信があって誇り高く、そして実際、魅力的でいられるんです。

あなたがいまつけているブラは、どうかしら？
よく、わからない？
だったら、この先をお読みになることをお勧めします！

この本では、ランジェリーの買い方、つけ方から、ランジェリーを通じて、見た目の美しさと、ランジェリーのさらにその内側のあなた自身に対する自信、その両方を手に入れる方法までを、ていねいにご紹介。どんな場所でもどんなときでもセンシュアルでいられるランジェリーのワードローブ作りをお手伝いします。

ぴったりフィットするブラの選び方のようなテクニックから、アートとしてのランジェリーの楽しみ方まで、わたしがおよそ２０年間のパリ暮らしの中で身につけてきたすべての知恵をご披露するわけです。

むずかしく考えなくてもだいじょうぶ。２０年前、パリに来たばかりのときのわたしは、おそらく読者のみなさんのだれよりも、ランジェリーについて無知でした。そんなわたしだからこそできる、ビギナーの方から上級者まで、どなたにとっても親身なアドバイスが詰まった本になっているはず。

さあ、ランジェリーを一新して、ごいっしょにセンシュアルな人生を始めましょう。

キャスリン・ケンプ・グリフィン

Contents

［目次］

Chapter
01
新しい生き方に目覚める

Lesson 01.

［レッスン１］

ようこそ、五感と感性の世界へ

「わたしに必要なのは、あとは、新しいブラだけ！」

パリは、何かと時間がかかる街（とくに、急いでいる人にとっては）。観光客は、パリジャンのせいにするし、パリジャンは、観光客のせいにする。そして、だれもが、交通渋滞のせいにする。あるいは、ストライキのせいにする（じつに多い）。あるいは、休日のせいにする（じつに多い）。

でも、何事も予定どおりにはいかないものよ、と悟ってしまった人にとっては、寛容でお楽しみがいっぱいの光の都！　ゆったりとした時間の流れの中で、訪れる人の五感を呼び起こす街！

それは、夕暮れ時からずうーっと夜更けまで続けていたいキスに似ているかも。つまり、短時間にできるだけたくさんのことをしたい人には向かないかもしれないけれど、ひとつのことをじっくり味わいながら長く続けたい人にとっては最高の街だということ。

１９９０年代、わたしと夫のクリスチャンは、カナダの自宅を売って、パ

リに移り住むことを決めました。住む家も仕事も決めないままに。

クリスチャンは、ホテル暮らしのうちに、すぐにポロ・ラルフローレンのヨーロッパ部門の仕事を手に入れたのに、わたしときたら、仕事とアパート探しの日々。結局、数週間をただひたすら、パリ中を歩き回って過ごしていました。

そんなある日のこと、パリの西端から東端までを歩いて横断してみようと思い立ち（わずか十数キロ。パリってすごく小さな街なんです）、ナップザックに、Tシャツ、パンツ、ランニングシューズと、いまにして思えば、山歩きをするような、いかにもアメリカンな恰好、とても、リトル・ブラックドレス発祥の地を歩くにふさわしい出で立ちとはとうていいえない恰好で、いざ出発。

ところが、いよいよ凱旋門を越えて、シャンゼリゼ通り！　というあたりで、ポツッ、ポツッ……小雨が降り出し、コンコルド広場に着いたころには、たたきつけるような激しい雨に。いろいろ詰め込んだはずのナップザックに肝心の傘はなく、わたしは、雨宿りのために、目についたティールームに駆け込みました。

そこは、「アンジェリーナ」という１９０３年創業の高級ティールーム。迎えたウェイトレスの女性は、前髪から水をぽたぽた垂らすわたしを一瞥すると、ばかにしきったように目をそらしました。そんなに嫌な顔をしなくても、と思いながらも、愛想笑いを返すしかありません。

そして、ベル・エポックのアールデコ装飾の店内を進み、壁にかかった鏡に映った自分の姿を見て……あ～！　雷に打たれたように気づきました！

そうか！　なぜ、ウェイトレスがあれほどまでに軽蔑しきった目で、わたしを見たのか、その本当の理由がわかったのです。

そこには、水に濡れて身体に張りついたTシャツから、スポーツブラがくっきりと透けて見えていました！　その日のような、だれにもブラを見られることがなさそうな日の、わたしの定番のブラ。

（といっても、だれかに見られるかもしれない日のブラも、パリジェンヌから見れば、ランジェリーではなく、ただの下着、アンダーウェアにすぎないことに、その後、徐々に気づいていくことになるわけなんですが……。）

というわけで、店の隅で小さくなりながらも、その店の名物、ホットチョコレートを注文し、運ばれてきた本物の磁器のポットに入ったホットチョコレートと、本物の磁器のカップにこんもり盛られた本物のホイップクリームにうっとり。そうこうするうちに、服も乾き、雨も小降りになったので、居心地の悪さから逃げ出すように店から退散し、チュイルリー庭園の緑を満喫しながら、ルーヴル美術館方面へとパリ横断ツアーを再開しました。

それから、高級ブランドが建ち並ぶサントノーレ通りに入りましたが、さすがのわたしも、道行くファッショナブルでノーブルなマダムたちの中で、あまりに場違いな自分に、予定したルートを放り出して、右に曲がり、セーヌ河沿いの道を歩くことに。

そこでは、どこからか聞こえてくるストリート・ミュージシャンの演奏、いたるところでキャンバスを前にする絵描きたちの姿……。パリだわ！

かくして短い時間ながら、パリ横断の小旅行を終えたわたしは、なぜ世界中の人々がパリに惹かれてやまないのか、はじめてわかった気がしました。

ちょっと唐突ですが、たとえば次のメニュー、どのくらいのレベルのレストランのものだと思いますか？

Menu

アスパラガスのビネグレットソースあえ
鴨のコンフィ（鴨のオイル煮）
タルベ・ビーンズ（タルベ産白いんげん豆）
トム・ノワール（表皮が黒いチーズ）
季節のくだもの

じつはこれ、レストランではなくて、公立小学校の典型的な給食メニューなんです。オードブルにサラダ、メインディッシュに、チーズ、デザートと、必ずコースのひとそろえ。保護者のための1週間のフード講座もあるとか。

フランスでは、小さいうちに味覚を磨くことが、食べ物の組み合わせ方を学ぶ第一歩になり、それによって、生涯を通じて、食事の喜びを深めることができるとされるからです。

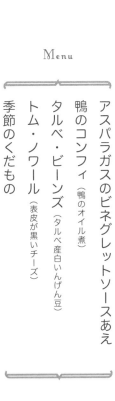

でも、小さいころから養っているのは味覚だけじゃない、快感も積極的に養います。フランスでは、快感を養う——快感に気づき、何が快感をもたらすかがわかるようになる——のは自堕落なことではなく、満ち足りた人生を送るのに不可欠なことだと考えられているんです。人生は、五感を発揮して、5つの感覚——眺める、香りをかぐ、音楽を聴く、食を味わう、触れる——のすべてを味わったほうが豊かになると考えられているから！

フランス人にとっては、この5つの感覚を楽しむのは、呼吸するのと同じくらい当たり前のこと。経験の質を高めるのに欠かせないことなのです。アムールも、その延長上にあるんですね、きっと。

パリの西から東まで歩くことを目的として街歩きをスタートさせたわたしでしたが、いつのまにか肩の力が抜けて、この5つの感覚が体全体に影響を与えていることに気づきました。

で、ホテルへの帰り道、ちょっと遠回りをして、セーヌ河の南の15区にあるアパートを見に行くことにしました。

地下鉄に乗り、パストゥール駅で降りて地上に出たとたん、満開の桜の香り！　遠くには、アンヴァリッドの金色のドーム礼拝堂とエッフェル塔。

近くには、人気のパン屋さん「ブーランジェリー」。そして、その焼き立てのバゲットを小脇に抱えて歩く人々。チーズ専門店「フロマージュリー」の前にピラミッド型に積み上げられたチーズの山。花屋さん「フルーリスト」の前に並んだたくさんの花々……。

おお、パリ！　そうよ、ここはパリ！

目当てのアパートは、階段（正確には127段）を上った6階にありました。広々とした部屋が3つ。部屋の窓から中庭が見渡せます。エレベーターはなし。食器洗い機もなし。でもそんなことは気になりませんでした。そこに決めようと思いました。

すっかり幸せな気分で、軽やかに階段を走り下りたら、舗道に出たとたんに花屋の店員さんにぶつかりそうになりました。なぜか、花を買いたくなって、わたしが選んだのは、ピンクの濃淡でまとめたシャクヤクの花束。

店員さんがたずねました。「プレゼント用ですか？」「いいえ、自分用です」。そう言ったのに、カラーの薄紙を2枚重ね、ていねいに花束をくるみ、ヤシのひもで形よく結んでくれました。もしプレゼント用だったら、いったいどれほどの時間をかけてラッピングしてくれたの！？

パリに来て数週間目にして、ようやくわたしは確信しました。パリに移り住むというわたしたちの決断は、間違っていなかったと。
わたしはすっかり満ち足りた気分になって、思いました。
「わたしに必要なのは、あとは、新しいブラだけ！」

Lesson 02.

［レッスン2］

日常を大切に

フランス女性が美しいランジェリーを身につけるのは、バレンタインデーだからではなく、いい気分になれるから。

はじめての本当のブラ選び

パリに来る前のわたしが新しいブラを買うのは、手持ちのものが古くなって破れてしまったときだけ。ブラはただの必需品。使えさえすればそれでよかったわけなので。

でも、ここはパリ！　これまでの自分とはさようなら。よれよれのブラともさようなら。新しいわたしになるんだから！

というわけで、まずは、新しいブラを買いに行くことにしました。でも、どこで、どんなものを買えばいいんだろう……。

パリには、ランジェリーブティックがいたるところにあります。幸い、新居のすぐ近くにもありました。「ランジェリー・アナベル」と書かれた看板と、「ご自由にお入りください」と書かれたドア・プレート。

緊張しながらドアを押すと、鳥小屋ほどの店内に、けたたましいベルの音が鳴り響き、「ボンジュール、マダム」という声。見ると、カウンターの奥で女性が愛想笑いを浮かべています。彼女が「アナベル」か？

つたないアクセントで、フランス語を試みます。

"Un《アン》 soutien-gorge《スーチアンゴルジユ》, s'il《シル》 vous《ヴ》 plait《プレ》." (ブラを見せていただけませんか)

"Avec《アヴエク》 ou《ウ》 sans《サン》 dentelle《ドンテル》?"

マダム・アナベルがたずねてきました。

あら、困った。「dentelle《ドンテル》」ってどういう意味？　あわてて、ポケット版ラルース仏語辞典をめくってみると、ふむふむ、「レース」の意味でした。

つまり、「レースつき、それともレースなし？」と聞かれたようです。

……レースつきって、そんなの買ったことないし……。わたしに似合うのかしら？　まるで見当がつかない……。

マダム・アナベルは、わたしの返事も聞かずに、アイボリーのサテンのブラを取り出しました。細かいプリーツに、レース飾り。

促されるままに、狭い試着室に入り、つけてみると、マダム・アナベルが、手際よく後ろのホックを留め直し、肩ひもの長さを縮めます。ブラに手先を滑らせるさまは、まるでバイオリンのチューニングだわ。

彼女は、おそろいのパンティを差し出しました。

えっ？　これも試着するの？　やれやれ、パンティは頼んでいないのに……。

で、着替えを終え、鏡の前に立ってみると——


びっくり！

だれ？　この鏡に映っているのは！？


わたしは身長170センチのはずなのに、突然背が伸びたみたい。

背筋がいつもよりまっすぐ。それに、バストが大きくなったみたい、持ち上がって見える！

そして、顔といったら、あらあら、優雅に微笑んでいるじゃないですか！？

これはもう、ニューヨークで最後に行ったランジェリーのメガストアとは大違い！

趣味の悪い照明、大音量の音楽、強引な売り込み。「3枚買ったら1枚タダ！」のネオンの下のワゴンに山積みされたパンティ。それでも、テンションの高い店員に勧められるまま、たまたま手に取ったテディ（キャミソールとフレアパンティがつながった形のランジェリー）に、パンパー・ミー・キッ

トとかいう、ボディシャンプーとボディローション、アカすりグローブ、ヘアバンドのセットまで買ってしまったっけ。そのセットは、思い出の夜のためのものだとか言われて……動機が不純すぎる！

でも、フランス女性にとって、ランジェリーは、不純な動機で身につけるものとは限らない。一見セクシーなレースのランジェリーも、男性のためにセクシーに装うものとは限らない。「限らない」というのは、これでも、かなり控えめな言い方。そう、たとえセ、ッ、ク、ス、の、た、め、だ、と、し、て、も、男、性、の、た、め、ではない、い。

その日、わたしは、「控えめな美しさ」とはこういうものだ、とでも言いたげなアナベルの穏やかな視線に見守られながら、いいブラの美しさを気兼ねなく楽しむことができました。

それまでの試着につきものだった、男性誌のグラビアページから飛び出したようなセクシーな女性にならなければならないとか、セクシーな女性のふりをしなくては、というプレッシャーをいっさい感じることなく。

そのときわたしは、たしかに目覚めたのです。

自分の前途が開けた気がしました。

たった1枚のブラ（とおそろいのパンティ）で！

そのプリーツブラは、もうだいぶ前から使わなくなりましたが、いまも大切な思い出のブラ。朝、引き出しを開けると、やさしくたたまれたそのブラが、思い出させてくれるのです。平凡な1日を送るか、とびきりの1日を送るか、それは自分で選べるのだと。

ブラとともに開けた人生！

その日、わたしに開けた前途というのは、単なる心の持ち方の問題ではなくて、現実のキャリアでした。その日から半年も経たないうちに、わたしは、「ソイエル（Soyelle）」という、ランジェリー関連アイテムと美容製品の会社を立ち上げちゃったのですから。

ひょっとしたら、あなたはこう感じているかもですね。「ランジェリーのメッカ、パリで、よくもまあ図々しく。本物のブラをはじめてひとつ買っただけなのに。さすがアメリカ人ね（正確にはわたしはカナダ人ですが）」と。

でも、フランス人は美しいランジェリーの作り方はよくわかっているのに、その手入れのしかたには問題があった。そこで、わたしは化学者の助けを借りて、デリケートな生地用の洗剤を開発し、ランジェリー用洗剤「ソイエル」が誕生したというわけなんです。

この会社を長年経営したあと売却し、顧客のアメリカの女性たちに請われるまま、「パリ・ランジェリー・ツアー」を開始し、いまにいたっています。これは、パリのランジェリーブティックを巡るものですが、ただの買い物ツアーではありません。いわば、女性たちが、新たな女らしさや自信、エレガンスに目覚めるツアー。ちょうど、わたしがマダム・アナベルと彼女が勧めてくれたプリーツブラとの出会いによって、新しい自分に目覚めたように。

いい気分になっていいのは、特別な日だけ？

そもそもの発端は、ソイエルを経営するなかで、顧客のフランス人女性と北米の女性たちに接しているうちに、両者のランジェリーに対する考え方のあまりの違いに驚かされたこと。ランジェリーだけではなくて、人生の楽しみ方に対する考え方も大きく違っていたんです。

ランジェリー・ツアーを行うと、アメリカの女性たちから必ず出てくる2つの言葉があります。

「まずは、あと、1、2キロ痩せなくちゃ」

「どうせ、だれも見ないわ」

そう言って、ほとんど見られることのないランジェリーよりも、周りのだれもが見ることになる洋服にお金を使いたがります。そして、ランジェリーにお金を使うときは、「贅沢をする」と言うのです。

つまり、いいランジェリーをつけていい気分になるのは、日常ではなくて、特別の日、特例なんだと思っているわけ。

でも、なぜ、いい気分になる日を制限しないといけないの？

その特別の日は、人生の中で何日ぐらい？

あと何日しか、いい気分になっちゃいけないの？

アメリカの女性たちは、いちばんいいランジェリーは、特別な人とのデートの夜やバレンタインデーのためにとっておきます。一方フランスの女性たちには、そんな「特別な夜」はありません。思いを寄せている人とのディナーであっても。彼女たちにとって、どんなときも楽しむべきとき。それが人生。そう、フランスの女性たちにとって、「楽しむこと」は日常的なことなんです。だから、**いい気分にしてくれるランジェリーがあるなら、できるだけ頻繁に身につける。たとえ、だれにも見られる可能性のない日だって。**フランスの女性たちにとって、ランジェリーは「感覚を刺激するもの」「つねに満ち足りたときを過ごすための手段」なんです。

人生に「特別な時」はありません。
今日が人生であり、いまが人生なんです！
素晴らしい考え方だと思いませんか？

「特別」であることと「楽」であることは両立しない？

一方、アメリカの女性たちは、ランジェリーを「特別（special）なもの」と「楽

(comfortable)なもの」に分けて考えます(編集部注:日本女性もそうですね)。
「特別なもの」というのは、いわゆる「勝負ランジェリー」。「楽なもの」は家でごろごろしているときとか、ただ会社と家を往復するだけの日のためのもの。つまりアメリカの女性たちは、「特別」であることと「楽」であることは両立しないと考えているのです!

でも本当にそう?

そこで、「special」と「comfortable」という2つの言葉について考えてみました。
英語の「special」は「特別な、独特の、貴重な」といった意味ですが、フランス語の「spécial」は、「特異な、奇妙な、通常とは異なる」といった意味。あんまりいいニュアンスではないみたい。そう、あなたがだれかを「spécial」と評したら、その人はあなたをディナーに誘うことはないでしょう(つまり、気を悪くするんです)。

ちなみにフランス人は、日常的に予測できるものを、「C'est normale(=

it's normal（それは普通だ）」と表現します。フランス人にとって、周りのあらゆるもの――野の花、テラスで日を浴びて過ごす10分間、美しいランジェリーを身につけること――に楽しみや喜びを見出すことは「普通」のこと。だから、フランスの女性たちが美しいランジェリーを身につけるのは、バレンタインデーだからではなく、いい気分になれるからなのです！

さて、「comfortable」という言葉は、引き出しの奥の古い下着を正当化するためによく使われます（わたしも、でした！）が、伸びきったパンティや色褪せたブラにふさわしいのは、別の形容詞のはず。そう、「だらしない」！

つまり、特別な日のためのランジェリーは、「楽じゃない」と考えているわけです。

でも、それはただ、本当にいいランジェリーに出会っていないからなんです。そして、「快感」の感性が鈍っているから。

「楽じゃない」イコール「快感をもたらさない」ではないし、そもそも「楽かどうか」だけがランジェリーを判断する尺度ではありません！

ブラ選びも大事な教育

フランスでは、小学校の給食でも味の見分け方を教わるのと同様に、ランジェリーを見分ける能力も、少女がはじめてのブラを買うときから、教育されます。ニセものを舌にのせたときや身につけたときほどがっかりすることはないのをわかっているから。

はじめてブラを買いに行った日のことを覚えていますか？　わたしは覚えているけれど、思い出したくない。体のふくらみやくびれに関係するものを買うのは、なんだか怖くて、不安でした。

では、フランスの女性たちの「はじめてのブラ」はどうだったのか？

ランジェリーデザイナーやブティックの店員さんにたずねてみました。

・ランジェリーのファミリーメーカー「カドール（Cadolle）（1889年にコルセットの仕立て屋としてスタートした老舗。創業者のエルミニー・カドールが現代の形のブラを考案したと言われている）」の6代目、パトリシア・カドールの最初のブラはカドールの品（当然ですよね！）で、繊細な刺しゅうのあるチュール地（網地の織物）のものだったそう。

・ランジェリー・ブランド「レ・ジュポン・ドゥ・テス（Les Jupons de Tess）」を立ち上げたキャロリン・タノウは、「ブラのデザインや柄を選ぶのが楽しかった」そうで、選んだのは「プリンセス　タム・タム」の清純な感じのアイボリーのレースブラ。

・フランス西部出身のジーナ・ルチアーニが買ったのは、レースつきの綿の三角ブラで、「ロマンチックでやさしいつけ心地だったわ」。

・ランジェリー・ブランド「マ・プチ・キュロット（Ma P'tite Culotte）」を共同設立した若手デザイナー、シャーリーン・グタールは、はじめてのブラを試着したときに、「ランジェリーを通じて、気分を表現できるし、個性を引き立てることができる」と気づいた、そのときのことは一生忘れないだろう、と話してくれました。

あなたはどうでした？　はじめてのブラはどんなものでした？　そのブラをつけてどんな感じがしましたか？

「特別」と「楽」を両立させるランジェリーのそろえ方

本物のランジェリーを知って、わたしのランジェリーに対する考え方は変わりました。日記にランジェリー用語や、ランジェリーが自分に与えた影響などを書き留めながら、ランジェリーのワードローブをそろえていきました。

いいランジェリーは見た目がきれいなだけではなくて、つけ心地も楽。あまりにも楽なので、いいランジェリー以外のものはつけたくなくなるんです。

なら、わたしも「本物の」ランジェリーを買ってみようかな、と思い立ったあなたに、選ぶ際のアドバイスを紹介しましょう。

1

「アンダーウェア（下着）」という言葉とはさようなら。「ランジェリー」と呼びましょう。あなたの引き出しに入っているのはランジェリー、あなたがいまつけているのもランジェリーです。

2

ランジェリーは贅沢品でも勝負下着でもありません。ランジェリーを買うときに、「贅沢をする」と考えるのも、今日を限りにさようなら。かといって、実用本位にそろえるのも邪道。ではあなたのランジェリー・ワードローブを何と呼ぶか？　これからは「すてきなコレクション」、あるいは「上品なコレクション」、「素晴らしいコレクション」と呼びましょう。

3

ランジェリーの引き出しに、匂い袋をまだ入れていないなら、来客用のせっけんをラッピングして入れてみましょう。お金をかけずに、エレガントな香りを楽しめ、ランジェリーがますます好きになります。

4

これから2週間かけて、引き出しの中のランジェリーを全部つけてみましょう（いっぺんに全部つけるという意味ではありません！）。

どうしてもつける気になれないものはありませんか？　それらを、いつまでも引き出しの中やあなたの生活の中に置いておく必要はありません。新品なら寄付したり、オークションで売ってもいい。

5

あなたのお気に入りのブラは何色ですか？　その色の花を買いましょう。ベージュの花なんてないことに、お気づき？　あなたがベージュのブラしか持っていないなら、好きな色の花と、その色のブラを買い足しましょう。

6

普段着の月並みなランジェリーとはさようなら。あなたの人生に、月並みなことなど、何ひとつありません。特別なドレスを着たとき、自分が特別な存在になった気がしませんでしたか？　毎日特別なドレスを着ることはできませんが、ランジェリーなら、それができます。もともと、ランジェリーは特別なもの。そしてあなたも特別な存在なのです。

Lesson 03.
［レッスン3］

セクシュアルよりもセンシュアル

誘惑されるためのセクシュアルなランジェリー、誘惑するためのセンシュアルなランジェリー。

「セダクション（誘惑術）」を知っていますか？

パリの老舗カフェ「カフェ・ド・フロール」の細く開いたドアから、バーレスクダンサーのジェントリー・ド・パリがサッと滑り込むように店内に入ってきました。

バーレスクダンスというのは、ストリップティーズといって、脱ぐ（ストリップ）より、焦らすを重視するライトなストリップショーを中心に、バレエやダンスを組み合わせたエンターテイメント。

そのバーレスクダンスの「女王」と称されるジェントリーは、その登場のしかたからして、かっこいい！　フェイクファーのついた濃いオリーブ色のドレスコートに真っ赤な口紅、サイドに流した長い黒髪……彼女がドアを開けた瞬間から、店内の男たちの視線は彼女に釘づけです。

ですから、彼女がわたしのテーブルのほうに歩いてきて、席に着いたとたん、ウェイターが、シャンパンの入ったグラスを2つ持ってやって来たのも、当然と言えば当然かも。

「あちらの紳士からです」

「メルシー」

ジェントリーが、ウェイターの示した男性のほうを見て、声に出しながら、グラスを掲げると、男性が会釈を返してきました。わたしも同じことをしてみましたが、紳士は気づきませんでした……。

「どうしてあなたは男を惹きつけるのが上手なの？」

わたしは彼女にたずねました。

「策略とエレガンスよ」。彼女は答えました。

「あとはご想像におまかせするわ」

なぜ、およそ男性からの誘惑といった世界からはほど遠いわたしが、ジェントリーのような女性と知り合いになったのか？

じつはかつて彼女は、わたしが主宰するランジェリー・ツアーの訪問先のランジェリーデザイナーだったのです。本名をジェントリー・レーンという、ハリウッド生まれのアメリカ人。

彼女曰く、パリに移住してから、「自分を魔性の女に作り変えた」。ジェントリー・ド・パリの名でランジェリーデザインの仕事を開始。もともと裁縫が得意でファッションセンスも抜群だった彼女がデザインしたカシミヤやシルクのランジェリーは、瞬く間に、パリのファッション・エリートたちの心をとらえました。

ところが彼女はあるとき、自分は、ランジェリーを作ることより、自分がデザインしたランジェリーを身につけることのほうが好きなことに気づいてしまいます。そこで再び、「自分を作り変え」、バーレスクダンサーとして再スタートした、というわけなのです。

その日、「カジノ・ド・パリ」で観た彼女のステージ「ジェントリー・ド・パリ・レヴュー――ディタ・フォン・ティース」は、一種のストリップショーとはいえ、ジェントリーが天に浮かぶ星をイメージした空中セットの中で踊ったり、共演のディタ・フォン・ティースが巨大なマティーニグラスの中

で遊び戯れたりする、女性でも楽しめる趣向を凝らしたものでした。まさに、「セダクション」、つまり、誘惑の世界……。

当時のわたしはといえば、クリスチャンとの間に5人の子どもに恵まれ、パリの南にある小さな村で、家事と仕事に追われる日々を送っていました。幸せではあったけれど、「セダクション（誘惑術）」とはまったく無縁の日々。

わたしもジェントリーみたいに、人を惹きつける「セダクション」を身につけたい！！！


すると、ジェントリーが、その「バーレスクダンス」の教室を始めたというではありませんか！　もちろん、その場で申し込みました！

「セダクション（誘惑術）」のポイントは、焦らして焦らして焦らし倒すこと

「セダクション」というのはランジェリー業界でのキーワードのひとつでもあります。「ランジェリーのプロ」なら当然、この「セダクション」という言葉の意味をもっとよく理解していなければなりません。

でも聞いても読んでもよくわからないし、だれも具体的には教えてくれない。これはもう体で覚え、実践で技を磨くしかない世界なのです。

だから、「セダクション」を体で身につけられるジェントリーの「バーレ

スクダンス」のお教室は本当にうれしかった！

実際、それは、じつに実用的なお教室でした。たとえば、ある木曜日の夜のテーマは、「手袋の外し方10選」。

スパンコールや羽根飾りがついた衣装がたくさん並んだオスマン建築風の彼女の部屋に集まった約20名の生徒を、肘が隠れる長さのサテンの手袋と深紅のコルセットだけを身につけたジェントリーが迎えてくれました。口紅も、コルセットと同じ深紅。

生徒が全員そろうと、彼女は照明を落とし、音楽の音量を上げます。曲はコール・ポーター作曲で、エラ・フィッツジェラルドが歌う「トゥー・ダーン・ホット」。男の熱い欲情を歌い上げる曲です。

彼女は金縁の大きな鏡の前まで進み、堂々と立ち、鏡を通して、後ろから観ているわたしたちをじっと見つめます。見つめたまま、片方の手を、手のひらを内側にして顔の前に持ってきて、顎を上げると、手袋の人さし指の先端部分を歯で挟み、ちょっと静止。それから、そっと指を引き抜きます。

あ〜〜。

女同士だというのに、鏡を通して彼女にじっと見つめられたわたしたちは、息をすることも、動くこともできなくて。

エラの歌声が流れるなか、ジェントリーは、腰の位置を変え、残りの指を引き抜き始めます。1本ずつ、ゆっくりと。

そして、全部はずし終えると、いたずらっぽくウィンクしながら、手袋をブラブラ振り回し、それからちょっと肩をすくめて、放り上げると、手袋が宙に舞っているうちに、くるりと向きを変えて去って行きました。


ふ〜〜。

ようやく息ができたわたしたちです。


着替えて戻ってきたジェントリーが言いました。

「手袋を外すときも、邪魔っけなものを脱ぐときも、大事なのは『焦らす』ことよ。相手をメロメロにしたいなら、焦らして焦らして、焦らし倒すの」

焦らし倒す……。

「セダクション（誘惑術）」のひとつは、焦らすことでした。

裸になることだけではなかったわけです。

セダクションって、楽しい！

ランジェリーにまつわる3つのS

ランジェリーの話題によく登場する言葉が３つあります。

「セダクション」
「セクシュアリティ」
「センシュアリティ」

あらあら、全部「セ」がつきますね！
いずれも、わかっているようでいて、じつは、誤解されている深ーい意味の言葉。この３つの言葉を心地よく、親しみのあるものに感じるようになったとき、ランジェリーの本当のよさとパワーが理解できます。少なくとも、わたしの場合は、そうでした！

では、順に説明していきましょう。

セダクション（誘惑　seduction）
——誘惑のゲームを楽しむフランス女性

原意は、「（性的な動機で）脇へ導く、道に迷わせる」。

フランスでは、誘惑するのはゲームのようなもの。私的な場でも公の場でも、いつでもどこでも行われ、そのプロセスそのものを楽しんでいます。必ずしもセックスにつながるわけではなくて、つながる可能性があるといった程度のこと。だから、フランスの女性たちは、セックスやランジェリーへの関心が高い割には、それらに対して、いたって自然体。

これに対し、アメリカでは、セックスの話はオープンでない一方で、ランジェリーに期待するものは、とどのつまりが、セックス！

だから、ランジェリーの宣伝文句も、「セクシー」に「ホット」ばかり！

でも考えてみれば、おかしい。目的がセックスなら、ランジェリーは不要。たしかに、「焦らし倒す」ときの小道具のひとつとしてセックスをよりよいものにするかもしれないけれど、でもそれは、シャンパンについても言えることでしょう？

セクシュアリティ（性的魅力 sexuality）——男性目線を刷り込まれているアメリカ女性

「セクシュアリティ」については、形容詞の「セクシー」を抜きにしては語れませんね。セクシーなドレス、車、家電製品、食べ物……。広告には、なんでもかんでも「セクシー」。売れるから！　もちろん、ランジェリーも。でも、「セクシーなランジェリー」って、考えてみると、ちょっとおかしくないですか？　だって、セクシーだと感じるのは男性。でも、買うのは女性なんですから。

つまり、「セクシー」というのは、要するに、男性が女性に対して感じるファンタジー、いえ、妄想。世に氾濫する広告は、その妄想をかきたてる男性目線のものばかり（最近は、女性目線で男性のボディをセクシーと表現する広告も出てきてはいますが）。

にもかかわらず、男性目線でセクシーと感じるランジェリーを、同じようにセクシーと感じる女性がいるとしたら、それはただ、「セクシー」の意味をいつのまにか刷り込まれ、刷り込まれたことをそのまま受け入れているだけのこと！　そう、洗脳されているんです！

さらに、「ロマンス」という言葉も、セックスの遠回しな表現と化し、花や音楽、ランジェリーは、その舞台装置。それ自体、悪いことではないけれど、でも、それでは、セックスにつながらないランジェリーや花や音楽はどうなっちゃうの？

花も音楽、ランジェリーも、それだけで、つまりセックスそのものとは無関係に、楽しみや喜びをもたらしてくれるものじゃなかったの！？

でも、アメリカで成功しているランジェリーチェーンは、ロマンス（つまりセックス）を宣伝する能力と商品を美化する能力のあるところです。女性たちがランジェリーを身につけるのは、男性にとってセクシーであるため。つまり、男性への受け狙い。だから、ワイヤーが食い込むブラも、なんだか肌にざらつくレースのスリップも我慢する。

ヴィクトリアズ・シークレットのファッションショーがなによりの証拠ですね。テレビの主要ネットワークで放送される、この人気のファッションショーに登場するエンジェル（スーパーモデルの卵）たちによるステージは、男性にとっては、まさに夢の世界。文字どおり夢にも出てきているはず。

でも、エンジェルたちがあなたの夢に出てきたことってある？　あるとしても、悪夢ですよね。だって、わたしたちが「セクシー」で「ホット」なランジェリーをどんなに買い込んでも、ヴィクトリアズ・シークレットのエンジェルたちのように見えることは、ほとんどありませんから……。

北米には、結婚を控えた女性にランジェリーをプレゼントする「ランジェリーシャワー」という習慣がありますが、じつは、これも刷り込まれた男性目線によるものです。せっかく女性だけでだれかの部屋に集まって、結婚する女性にランジェリーを贈り、シャンパンなどを飲みながら、にぎやかなひと時を過ごすのに、そこで話されるのは、決してランジェリーの着心地についてじゃない。要するに、このランジェリーでどうやって新郎を喜ばせるかとか、そんな話。

わたしが結婚するときにも、レースやフリルつきのきわどいランジェリーをたくさんプレゼントしてもらいました。当時はわたしも洗脳されていたので、これを身につけるだけで、自分もセクシーでゴージャスな女に変身できるわ！　と思い込んでいたものです（あ〜、恥ずかしい）。ほかの多くの女性たちと同じように、ランジェリーというのは誘惑のための道具であり、愛されることを保証するものとまで考えていたのです。

センシュアリティ（官能的魅力　sensuality）——慎み深さと挑発のあいだで

アメリカの少女たちが、男性目線の広告に洗脳されて、男性のため、ロマンスのためのランジェリー選びを学んでいくのに対し、ファッションの国フランスの少女たちは、自分の判断で、自分のために、ランジェリーを選ぶ習慣を身につけていきます。誘惑のためのときもあるけれど、男性のためではない。あくまでも主導権は女性の側にある！

フランスのランジェリー産業が、女性たちが個人で営む仕立て屋（洋服やコルセット）から発展したものだという事情もあります。

ためしにフランス人の女性に、「何のためにランジェリーを身につけるの？」と聞いてみてください。「もちろん自分のためよ」と答えるはず。

さらに踏み込んで、わたしが何度となくたずねたように、「ランジェリーをつけるときは、セックスを望んでいるの？」と聞いてみるといいでしょう。たいてい楽しげにこう答えるから。

「そうかもね、それは成り行き次第よ」

フランスの女性にとって、セックスはささいなこと。自分で決め、自分でコントロールできるもの。だから、ランジェリーをつけるのも、セックスが最優先の目的ではないのです。

１９９０年代、アメリカで、巨乳のモデルのブラの広告の路上看板が、多数の男性ドライバーの事故を引き起こしていたころ、フランスのランジェリー・ブランド「オーバドゥ（aubade）」は、「魅惑のレッスン」と称する広告を発表しました。

ランジェリー姿の女性の写真に、あくまで女性目線で、男性を誘惑するためのいたずらっぽいアドバイスを添えたもの。２５年以上も続いている広告で、「レッスン１」から始まったアドバイスはいまや「レッスン１６０」を超えています（＊訳注：オーバドゥは日本のデパートでも売っています。レッスンも日本語版公式サイト http://www.aubadestore.jp/html/page24.html で見ることができます）。

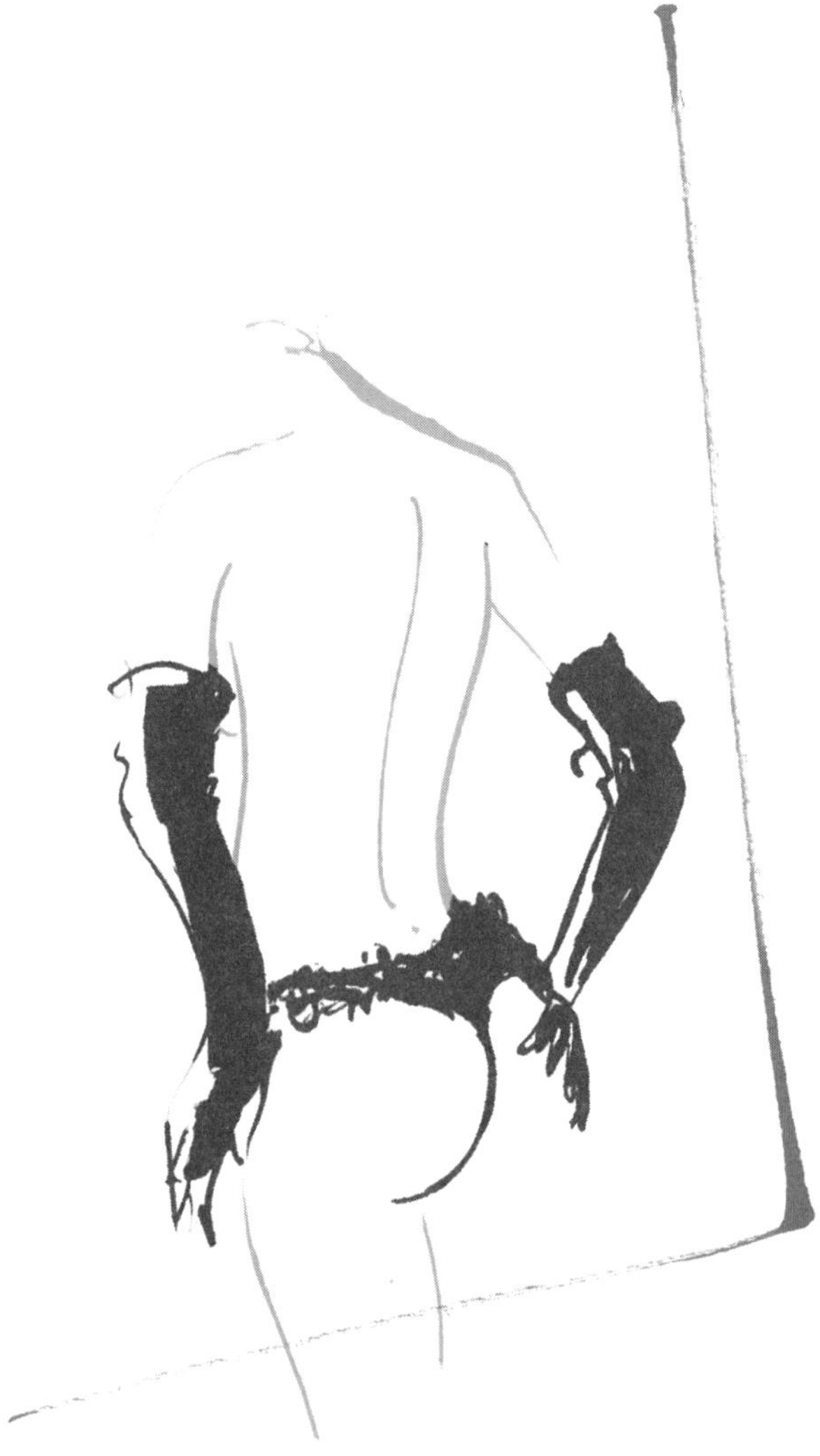

たとえば、「レッスン１２６」の写真には、こちらに背中を見せて立っている女性が写っています。身につけているのは黒いレースのTバックと、肘上までの黒い手袋だけ。アドバイスは、「指紋はいっさい残さないで」。

「レッスン５５」の写真は、黒いレースのキャミソールをつけて立っている女性。アドバイスは「新しい感覚を生み出して」。

「レッスン３９」の写真は、上品な白いレースのブラと、レースつきの太もも丈ストッキングをつけて座っている女性。アドバイスは「それから、ソファーに横たわって」。

写真はいずれもモノクロで、なんらかのランジェリーを身につけた女性のボディだけ。顔は写っていないのに、そのポーズから自信とゆとりがにじみ出ています。その気になればいつでも誘惑できるのよ、という静かな自信。女友だちからのほめ言葉も、男性からの承認も求めず、必要ともしないゆとり。求めなくたって、自分が周囲の注目を浴びているのはわかっているから。

じつは、写真自体は、ライティングで陰影をつけたバストやヒップの丸みを抜きにしても、きわめて挑発的なPG指定（観賞するときには、保護者の監督が望ましいという指定）。なにしろ、下心があって肉体を露出しているのですから。女性の表情が見えなくても、彼女の意図は見え見え。見る人の興味をそそり、感情を呼び起こし、欲望を抱かせます。

「セダクション（誘惑）」に必要なのは、「セクシュアリティ（性的魅力）」ではなく、「センシュアリティ（官能的魅力）」

フランスの十数人のランジェリーデザイナーに、「ランジェリーにどんな形容詞をつけたいですか？」と質問したら、「繊細な」「エレガントな」「驚くべき」「フェミニンな」「楽しい」「詩的な」「上品な」「ロマンチックな」「ナチュラルな」「時代を超えた」「解放感をもたらす」……じつにさまざまな言葉をあげてくれましたが、「セクシーな」と答えたデザイナーはゼロ。代わりに、もっとも多かったのが「センシュアルな（官能的な）」でした。

「センシュアリティ」、いかにも魅惑的な響きです。

でも、どういう意味？　セクシュアリティとどう違うの？

というわけで調べてみました。すると、語源は、「sensation（感覚）の能力」を意味するラテン語「sensualitas」と、「知覚、感触、意味」を意味するラテン語「sensus」。それが五感と関係があることがわかりました。

「sensation」というのは、身体的な感覚で、五感のひとつが働いたときの体の反応です。たとえば、「柔らかい」「そわそわする」「目がくらくらする」「息をのむ」「チクチク痛む」「ムズムズする」「きつい」「汗が出る」「落ち着く」「軽い」「暖かい」「なめらか」……。「センシュアリティ」というのは、こうした感覚を楽しむ能力でもあるのです。

そして、そのセンシュアリティの形容詞形であるセンシュアルがランジェリーの形容詞としてもっともふさわしいということは、すなわち**ランジェリーには、それを身につけることによって、1日中、五感を研ぎ澄まされ、豊かな感覚をいろいろなものから味わうことができるという働きがある**ということだったのです（それこそ五感をフル活動させるセックスもそのひとつだったわけですね！）。

先にご紹介したオーバドゥの広告、写真に添えられたメッセージも、その意図するところは明らか。つまり、「セダクション（誘惑）」に必要なのは、「セクシュアリティ（性的魅力）」ではなく、「センシュアリティ（官能的魅力）」だということ。そして、「センシュアリティ」というのは、「慎み深さ」と「挑発」のあいだにある美しさや神秘的な雰囲気のことなのです。

まだ、わかりにくいとは思いますが、それは完全に個人的なもので、ルールもガイドランもないのだからしかたない。だからこそ、ランジェリーを身につけたときが、「センシュアリティ」の喜びと戦慄を味わうチャンスです。

まずは、**肌触りはいいか、感覚を刺激するか、感情を抱かせるかを判断基準に、ランジェリーを選ぶことから始めてみましょう。**セックスのありなしにかかわらず。

お気に入りのブラとパンティをつけたときの気分は？

いい気分？　すごくいい気分？

自分の体の声に耳を傾けて。どんなことに気づきましたか？

軽いこと？　重いこと？


食べ物の組み合わせ方を学んだら、食事の愉しみが深まるのと同様に、触感（肌触り）の組み合わせ方を学んだら、それまで知らなかった感覚と快感に出会えます。

たとえば、ジーンズの下に総レースのパンティをはいてみませんか。

ウールのセーターの下にシルクのブラを、ふんわりギャザーのワンピースの下に、綿のボディスーツを。

どの組み合わせも、いつもと違う変わった感覚をもたらしてくれるはず。

ランジェリーと感覚に注意を払うことで、人生の一つひとつの瞬間がそれまでとはまったく違ったものに感じられるのです。

Chapter

02

フレンチランジェリーをひもとく

Lesson 04.

［レッスン4］

フレンチランジェリーの歴史

ブラの歴史は、女性の歴史であり、社会の歴史。

ランジェリーを理解するためには、まずその歴史から。そして、歴史を理解するには、19世紀にタイムトラベルして当時の美しいコルセットを実際に身につけてみることから。そして、当時の美しいコルセットを身につけてみるには、世界一のランジェリー個人コレクター、ギスレーン・レイエさんをお訪ねすることから。

というわけで、パリ郊外の高級住宅地ギャルシュに彼女が構える豪華なショールーム「ニュイ・ド・サテン（Nuits de Satin）」を訪れました。所蔵する1770年から1990年に作られたランジェリーは、その数5000点以上。たいていのファッション博物館を上回るはず。

そして、そのうちのひとつを実際につけさせてもらったのですが……。

これがもう、想像以上の苦行……。

「あなた、食べるのを1週間前にやめるべきだったわね」

背中の靴ひものような頑丈なひもを縛り上げながら、からかうギスレーン。

そうです。コルセットはひとりでは着られないのです。

けれども、ようやく38本の鯨のヒゲ入りコルセットの中におさまった自分の腰に手を当ててみると……。


あらまあ、くっきりとしたくびれができているじゃないですか！

「すてきよ」

た、た、たしかに！　鏡の中にいるのは、自分とは思えない優雅な女性。


「女性たちは、美しいランジェリーは、夫や恋人を喜ばせるためだけにつけるものと思い込まされている。わたしはそれが残念でならないの」

わたしが喜ぶ姿を見ながら、ギスレーンがこぼしました。

「女性の権利を声高に叫んだ女性たちは、間違っていたんじゃないかしら。彼女たちは、誘惑用の美しいランジェリーをつけるのをやめたとき、個人的な楽しみも自ら捨ててしまったのよ」

女性の権利とか女性解放が叫ばれるようになってから、わたしたちは自分たちの声を聞いてもらうことに熱心なあまり、自分の体の喜びや楽しみに無感覚になってしまった――ギスレーンは、そう確信しているようです。
「すてきなランジェリーは、女性の幸せや自信に欠かせないものなの。ランジェリーは、わたしたちの大事な一部なのよ」

おしゃれは大事な芸術。その土台を作るコルセットの誕生

コルセット（corset フランス語では「コルセ」）の語源は、「ボディ」を意味するラテン語「corpus」。いまなら、わたしたちは、ブラやガードル、フィットネスの個人トレーナー、ダイエット、美容整形などを利用して、ボディの形を整えるわけですが、そうしたものがまだ生まれていなかった時代には、鯨のヒゲやパッド、フープ（張り骨）、ひもなどを使って、その時々の流行に合わせて、ボディの形を整えていったのです。

とにかくウエストがくびれているのが美人！　という時代には、コルセットのせいで、腰も曲げられず、息をするのもやっとだったみたい。だって、ウエスト46センチとかだったんですよ！　ピザの「M」サイズと同じ！　想像するだけでも、内臓が締めつけられそう……。

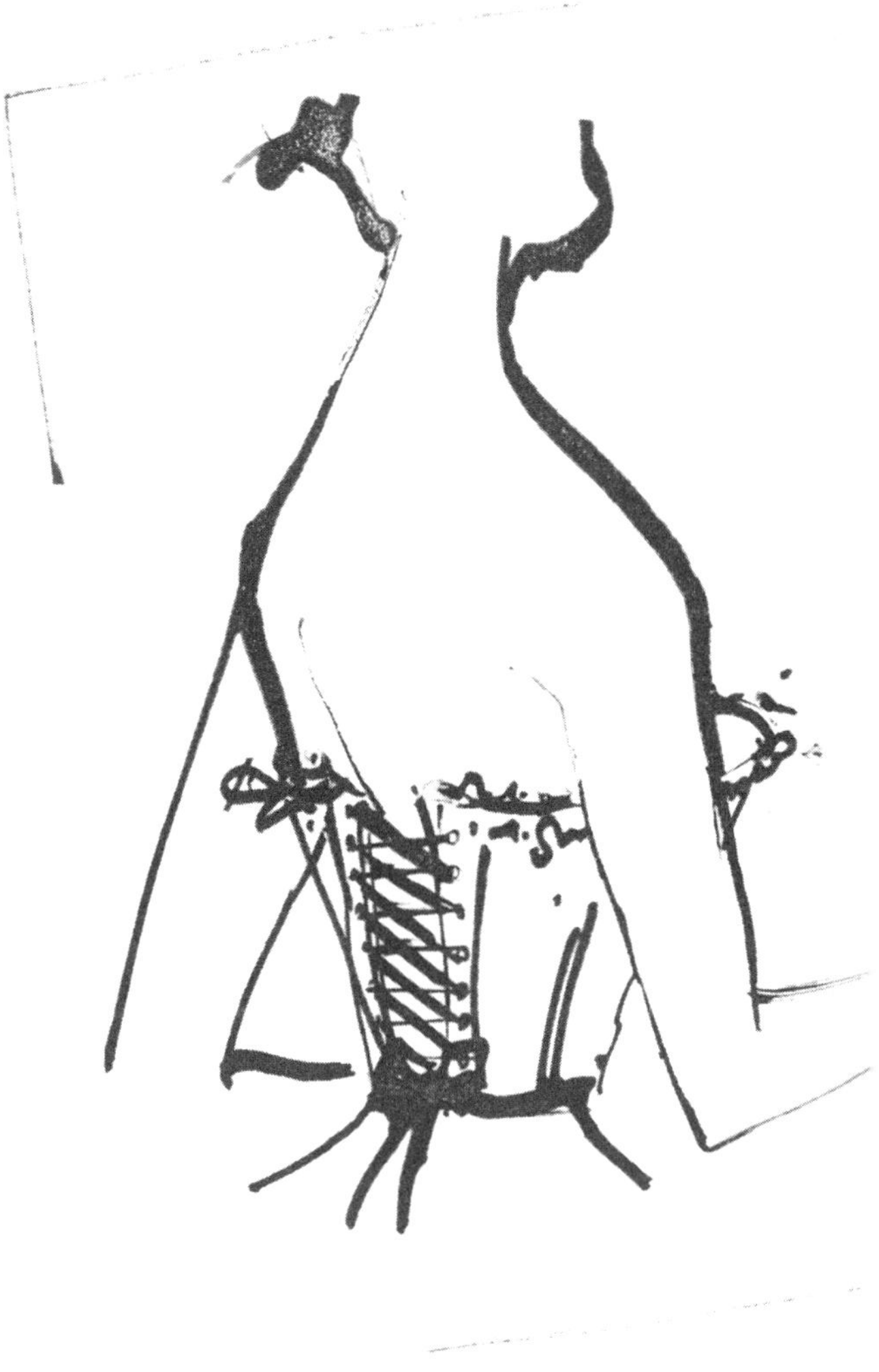

ヨーロッパにコルセットが登場したのは16世紀前半のこと。そのころのコルセットは固い布で作られ、さらに固くするために、木やスチール、籐などが縫い込まれたり、裏張りされたりしました。

最盛期は19世紀前半で、お金持ちであれ貧しい女性であれ、高級娼婦であれ乳飲み子を抱える母親であれ、とにかく女性はみんな、コルセット。もちろん、貧しい農民はきわめてシンプルなコルセット、地位の高い女性たちは、ふんだんにレースがあしらわれた豪華で落ち着いた色彩のコルセット、高級娼婦たちは、豪華で鮮やかな色彩のコルセット、という具合でしたが。

そして、その中心はパリ！　世界中の裕福でおしゃれ好きな女性たちが、パリの華やかなコルセットを欲しがりました。

鯨のヒゲが生地に入れる素材として定着したのもこのころで、コルセットに強度と美しい形、柔軟性をもたらしました。フロントには、バスク（busk）と呼ばれる、着脱用のフックが並んだ長い金属片が縦に入っていて、お腹を引っ込め、姿勢を正す効果もありました。

「当時は、おしゃれがひとつの芸術だったのよ。きれいに着飾った女性たちは、みんなタマネギみたいに重ね着してたの」

下半身には「ジュポン」と呼ばれるペチコートを何枚もつけ、その枚数が、女性の社会的地位を示していたとか。

ブラ誕生！

現在のランジェリーへとつながる下着が登場したのは19世紀半ばのナポレオン3世統治時代。そして、その数十年後、19世紀末から第一次世界大戦勃発までの「ベル・エポック」時代、コルセットの装飾性は頂点を迎えます。と同時に、それは、仕立屋から百貨店へと、コルセットの買い方が変わる時代の始まりの時でもありました。1852年、世界最初の百貨店「ボン・マルシェ」誕生。階層の異なる女性たちが、ランジェリーに限らず、エスコートなしに一日中、お買い物をすることができるようになりました。

19世紀の終わりごろになると、女性たちは鯨のヒゲから解放されて息を深く吸い込みたいと願うようになりました。コルセットの仕立て屋たちは、なんとかこうした願いに応えようと工夫を重ねましたが、商品化して成功をおさめたのはただひとり、エルミニー・カドールでした。

彼女は、自分がデザインしたツーピースのコルセット「コルセレ・ゴルジュ」を、1889年のパリ万国博覧会に出品。たちまち、人気を博し、これによって、息切れに悩まされていた女性たちは、ようやくコルセットと縁を切ることができたのです。

その後、さまざまな改良が施され、バストを覆うほうのピースは「スーチアン・ゴルジュ（soutien-gorge）」の名で知られるようになりました。「soutien-gorge」は、文字どおりに訳せば「のどの支え」ですが、実際にはブラのこと。いよいよ、ブラの始まりです！

ブラが登場したことと、女性たちが公私において活動的な役割を担うようになってきたことで、コルセットやベル・エポックの誇張された曲線美はすっかり時代遅れなものになっていきました。

わたしたちがランジェリーと考えている「ブラ＋パンティ＋ガーター」の組み合わせが登場したのは、１９２０年代。シャネルが活躍しだしたころです。そのころから、女性のシルエットはスマートでボーイッシュな形に変わっていきました。曲線の強調や、締めつけ、タマネギのような重ね着をやめたのです。それどころか、ヘアバンド型のブラでバストを平らにすることさえ流行りました。１０年ほどの短い流行でしたが。

１９３７年、アメリカのワーナー・ブラザーズ・コルセット・カンパニーが「アルファベット・ブラ」と称して、カップサイズがA、B、C、Dの4種類のブラを発売。世界初のことでした。そして、以後、カップサイズの標準化が図られていきます。

ナイロンとラステックスがランジェリーにもたらしたもの

画期的な新技術が誕生すると、世の中が変わりますが、ランジェリーの世界も例外ではありません。

1938年のナイロンの誕生は、ランジェリーの製造コストを劇的に引き下げ、ランジェリーはもはや上流階級だけのものではなくなりました。

とくに大きな影響を与えたのは、ストッキング。丈夫で、弾力性があり、洗濯がしやすく、安上がり。おまけにきれいに染めることができましたから、次々に新色が発売されました。黒ストッキングの人気を定着させるのに一役買ったのも、ナイロンです。

もうひとつ、同じころに開発された伸縮性のある糸、ラステックスの影響も忘れてはいけません。いまではランジェリーに「伸縮性」があるのは当たり前ですが、以前はそうではなかったのです。

ラステックスはまず、水着の世界を一変させました。それまでは、水着の素材は、なんとウールが主流。乾いていれば暑苦しく、濡れたら重く、だらしない。これに対し、ラステックス入りの水着なら、ボディラインを歪めることなく、丈夫で軽く、女性の体を引き立ててくれます。

こうした特質はやがて、ガードルなどのファウンデーション（補正のための下着）の誕生にもつながっていくことになります。

くびれウエストの復活！？

その後も、社会の変化とともにファッションは変化し、ファッションの変化とともに社会は変わりました。

第二次世界大戦が終わると、戦争中、抑圧されていたおしゃれへの欲望が一気に開花。それに応えるかのように、１９５０年代には、女性の曲線美を強調するファッションが復活。クリスチャン・ディオールが発表したコレクション「ニュールック」が、新しい時代の到来を告げました。

細いウエストと優美なヒップ、きゃしゃな肩、くっきりしたバスト……砂時計のようなシルエットとコルセットが復活し、戦前、コルセットから女性を解放したはずのシャネルの嘆きをよそに、大反響を呼びました。

ギスレーンに言わせると、この時期のランジェリーこそが「女らしさのお手本」。この時期を、ランジェリーがもっとも美しかった時代、ランジェリーがアウター以上に栄え、世界に広がった時代とみなしています。

とはいえ、砂時計のようなシルエットの体型の女性はいません。いったんはさびれたかと思われたコルセットの仕立て屋たちの専門知識と技術がなければ、そうしたシルエットを作るのは無理。

というわけで、再び脚光を浴びた仕立て屋たちでしたが、その中のひとり、マリー・ローズ・ルビゴは、「シルエットが女性を作り、ウエストがシルエットを作り、コルセットがウエストを作る」のモットーのもと、ファッションデザイナーのマルセル・ロシャスと組んで、「ゲピエール」を共同開発しました。

これは、ビスチェ（肩ひものない、ウエスト丈のブラ）やコルセット、短いスカートとガーターベルトがひとつになったオールインワンタイプの下着で、「バスク（basque）」とも呼ばれています。ゲピエールは、体にピッタリしている割にはコルセットほどの圧迫感がなく、それなのにとても細いウエストを作るという優れものでした。

1950年代には、ファッションとテクノロジーが融合し、完ぺきなシルエットを作るランジェリーが次々に生まれました。

この時期のブラは、かっちりした円錐形のカップの下側にワイヤーを埋め込んだもの。円錐の先端を魚雷の先端のように尖らせたものもあり、モデルたちは、体にピッタリのセーターで、とんがりバストを強調し、ピンナップポスターにおさまっていました。

このとんがり円錐ブラに一役買ったのが、デュポン社が開発した驚異的な伸縮性を持つ繊維「ライクラ」。北米での一般名は「スパンデックス」です（＊訳注：日本のメーカーの品質表示では「ポリウレタン」）。この繊維は、ブラにとどまらず、世の中のほとんどすべての繊維製品を作り変えることになります。

ノーブラ流行。ランジェリー・ブランド受難の時代。そして、現在

ところが、1960年代、学生運動とヒッピーの時代が到来！　女性たちの多くはかっちりした下着はもちろん、ブラジャーそのものも拒否。フランスのランジェリー業界は低迷し、多くのブランドが倒産しました。

1970年代には、パンツスタイルが大流行。ノーブラ族は減ったものの、女性解放、圧迫からの解放の時代ですから、流行したのは、シンプルで締めつけのないブラ。新しい世代の女性たちは、ユニセックスの服を着たり、ビーチでヌードになったり、一見ヌードに見える透ける素材のブラやパンティを楽しんだりしました。

ようやく女性たちが、再びランジェリーを誘惑ゲームの手段と見なすようになったのは、1970年代も終わりに近づいたころで、1980年代には、フランスのデザイナー、シャンタル・トーマスが小悪魔的でフェミニンなランジェリーを発表、誘惑のランジェリーを流行らせました。

黒いランジェリーが一般的になったのもこのころからで、女性たちはリト

ルブラックドレスの下に、「リトルブラック・ブラ」と呼ばれた面積の小さなブラをつけました。ランジェリーとみだらな下着と思われていたものとの境界線が徐々に消えていったのです。ブラの誕生100周年のころのことでした。

しかし、1990年代に入ると、デザインに凝りすぎた80年代の反動から、「(装飾は)少ないほうがむしろ効果が高い」とされ、マイクロファイバー(超極細繊維)やモールドカップ(ウレタンなどで成型されたカップ)で自然な丸みを引き立たせるブラが主流になっていきました。

そして現在、わたしたちにはじつに多くの選択肢があります。

スポーティ、セクシー、マタニティ、ナチュラル、クラシック、デザイナーズ……大きなランジェリーストアでは、あらゆるタイプ、あらゆる場面用のランジェリーを取りそろえ、リピートしてもらうための販売システムを用意しています。

ランジェリー選びは、自分自身を知り、表現すること

コルセットに慣れた女性たちにとっては、ブラは「自由」の象徴でした。ところが、そのブラが、女性解放運動の初期には、「抑圧」の象徴に。そしていまでは、ブラは「センシュアリティ」の象徴です。「自由」、「抑圧」、そして、「センシュアリティ」……ずいぶん大きな変化です。

わたしたちは何十年もの間、下着をきつくしたり、ゆるくしたり、体を形作ったり、整えたりしてきました。そうやって、ランジェリーは、女性の自己認識や女性らしさに大きな影響をもたらしてきました。

と同時に、ランジェリー自体も進化し、機能と見た目の美しさの両方をあわせ持つようになりました。

おそらくこれからは、あまりにもつけ心地がいいので自分の延長でしかないと思えるランジェリー、社会の期待やファッションの流行がどうであれ、本当の自分を表現できるランジェリーが望まれるのではないでしょうか。

ランジェリーの歴史の次の章を書くのはわたしたちです。

だからこそ、ランジェリーが自分にとって、どんな意味があるのか、考えてみるのは十分に価値のあることなのです。

「ブラの歴史」をまとめてみると

「ブラ」は小さな衣料品ではありますが、わたしたちのワードローブや生活に多大な影響を与えています。

おそらく、ブラについて深く考えることはほとんどないと思いますが、それでも、ブラがいつも引き出しの中にあって、来る日も来る日も、役割――バストを持ち上げ、押さえ、着ている服の見栄えをよくし、わたしたちをセクシーな気分にさせる――を果たすことを期待しています。

わたしたちが知っている、カップとベルトと肩ひもからなるブラは、何十年にもわたるデザインと技術の改善を経て生まれたものです。ブラの進化の歴史の中でもとくに画期的なできごとをまとめてみました。

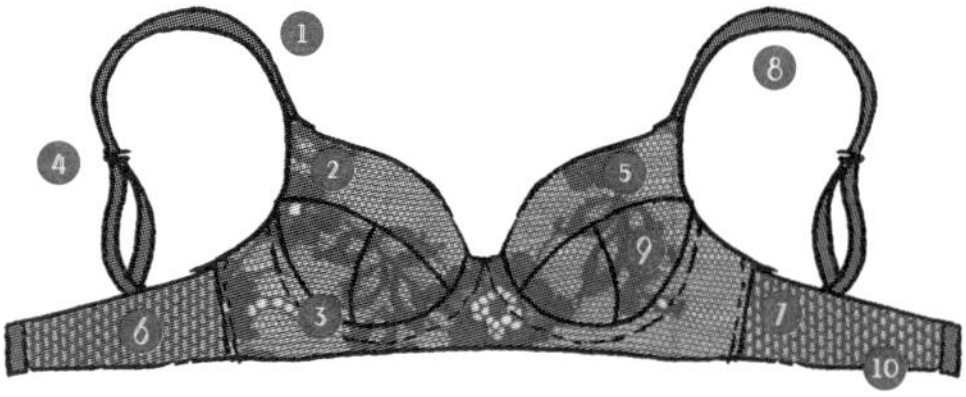

❶ １８８９年　フランスのコルセットの仕立て屋エルミニー・カドールが「コルセレ・ゴルジュ」をパリ万国博覧会に出品。バストを下から支えるのではなく、肩ひもで上から支えるようになりました。

❷ １８８９年　最初の合成繊維「レーヨン」が誕生。ただし、レーヨンがランジェリーに使われるようになったのは、柔らかくなめらかな素材に改良された１９２０代のことでした。

❸ １９２０年代　カップの形状を整え、サポート力を強化するために、カップの下側にワイヤーが埋め込まれるようになりました。ですが、ワイヤー入りブラが一般に広まったのは、１９５０年代になってからのことです。

❹ １９３０年代　肩ひもにつける金属性アジャスターなどの新しいブラ部品が登場。肩ひもの調節ができるようになってフィット感が高まりました。

5 1937年 ワーナー・ブラザーズ・コルセット・カンパニーがカップサイズA、B、C、Dのブラを発売。

6 1938年 デュポン社がナイロンを開発。ランジェリーの世界を一変させました。

7 1959年 デュポン社が「ライクラ」を開発。この繊維を混紡することで、どんな素材の生地も7倍の伸縮性を得られるといわれています。

8 1962年 伸縮性があって、身体にフィットする肩ひもが開発されました。

9 1982年 ライクラを利用して、ストレッチレースが作られました。

10 1984年 ランジェリーにはじめてマイクロファイバーが使われ、それまでになかった柔らかさと軽さを実現しました。

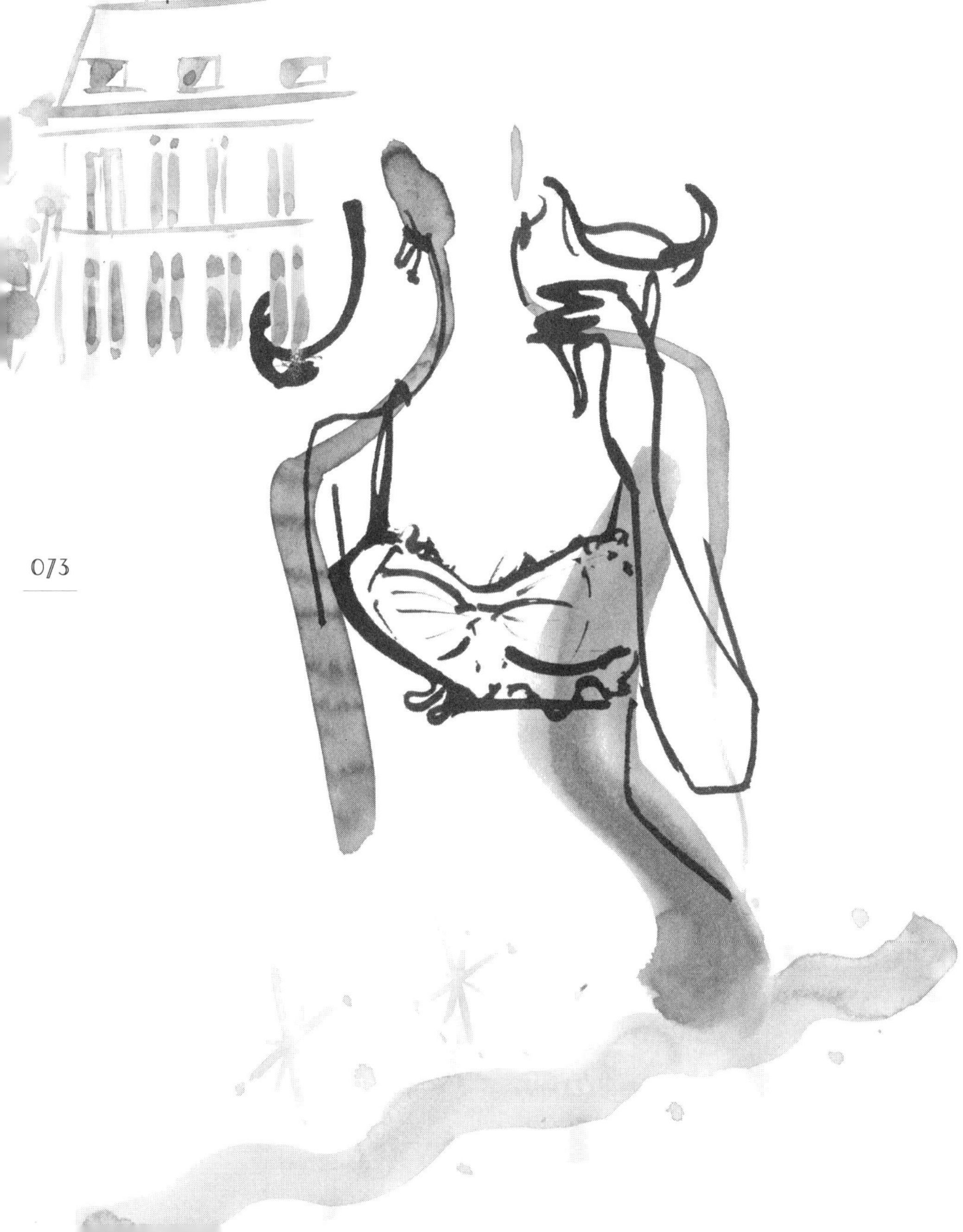

Lesson 05.

［レッスン5］

ブラの構造を知る

試着したブラが思ったほど似合わなかったとしたら、それはあなたのせいではなく、ブラのせいです。

フランス語に、「décolleté《デコルテ》 de《ド》 rêve《レーヴ》」というステキな婉曲表現があります。

「夢のデコルテ」、「美しい胸元」、つまり「谷間」のこと。

あなたがブラをつけて、自分の「夢のデコルテ」を最後に見たのはいつでした？

つけ心地満点で、きれいな「谷間」のできるブラを探せ！

パリに来る前、ブラを買うのはいつも憂鬱でした。

試着するのに、服を脱がないといけないし、脱いだ姿を店員さんに見られて、さらには触られるし。いいなと思ったブラがあっても、どこかしっくりこない。でも、どこが合わないのかがわからない。

本当は、ちょっとセクシーな赤いレースのブラを試してみたいと思っても、店員さんに職業を疑われそうで、なんか恥ずかしくて、結局いつものベージュのシンプルなブラを買って……おしまい。


ワードローブの中で、ブラほどわたしたち自身に影響力を持つものはありません。姿勢や気分に影響するし、着ている服の形にも影響する。

でも、わたしたちが、自分が選んだブラに満足することはめったにありません。いつもどこか不満。でも、あきらめてしまう。

これが洋服や靴だったら、どこかがきつかったり、ゆるかったり、太って見えたりするのは、洋服や靴のせいだと思えるのに、ブラの場合はなぜか、きれいに谷間ができないのは、自分のせい、自分のボディのせいだと、惨めな気持ちになってしまう……。

でも、それは、本当にぴったりのブラの選び方を知らないからなのです。

試着したブラが思ったほど似合わなかったとしたら、それはあなたのせいではなく、ブラのせいです。

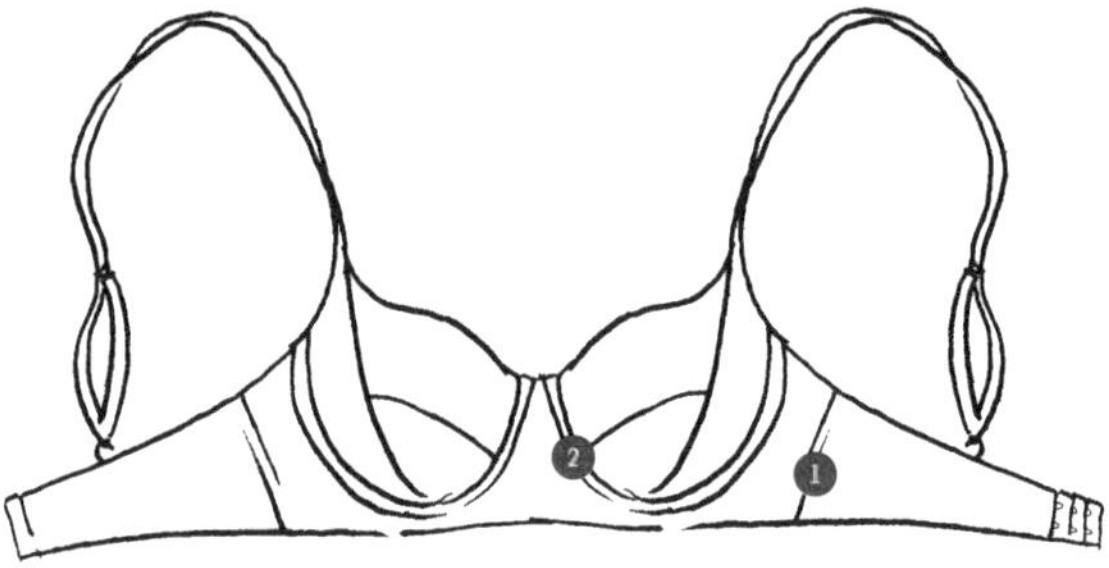

ブラ選びに知っておきたいパーツのこと

ブラは、１０から４０のパーツから成る見事な技術品です。そのパーツを組み立てて、つける女性が自分のボディにうっとりしてしまうようなブラにするのが、デザイナーの腕の見せどころ。

まずは、ブラがどんなパーツからなり、各パーツがどんな働きをするかを理解することが、上手なブラ選びへの第一歩となります。

❶ ベルト

「ベルト」って何？　バストを支えているのは、ブラのどの部分だと思いますか？（ヒント、肩ひもではありません）そう、ベルトなのです！

ブラのサイズ表示では、数字の部分、たとえば「34A（日本の「75A」）」、「34B（75B）」、「34C（75C）」のうちの「34」が、ベルトの長さ。胸のふくらみのすぐ下の周囲の長さです。アンダーバストともいいますね。

なぜ重要なの？　ベルトが2つのカップを固定し、バストの重みを分散させます。ベルトが背中に水平に、首のつけ根から縦に下がるラインと垂直になるようにつけること。

知っておくといいこと　あなたに合ったベルトなら、腕を上げ下げしてもずれません。ずり上がるようなら、サイズが大きすぎます。呼吸が苦しいようなら、サイズが小さすぎます。ベルトがピーンと張った感じで、しかもきつく感じないのがぴったりサイズです。

2 センターゴア

「センターゴア」って何？　ブラの前中央で、2つのカップをつないでいる部分のこと。

なぜ重要なの？　この小さなパーツが、ブラ全体をしっかりと固定し、ブラのフィット感を決定づけます。胸の真ん中を縦に通る骨にぴったり接しているかチェックしましょう。浮いているとずれてくるし、きついと、食い込んできて痛くなります。

知っておくといいこと　センターゴアは、ブラのタイプによって、形も大きさもまちまち。縦の長さが短めのもの、長めのもの。横の長さが短めのもの、長めのもの。センターゴアで、バストの形を補正することもできます。もっ

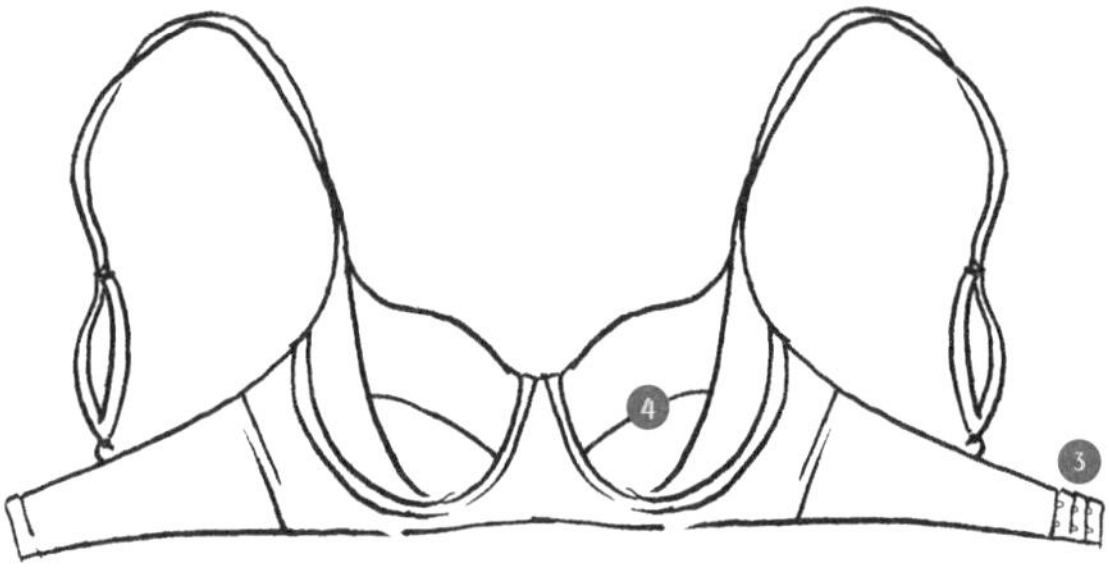

と寄せたいなら幅が小さいもの、もっと広げたいなら幅が広いものを。

3 ホック部分

「ホック部分」って何？　たいていのブラは、ベルトの両端にかぎホック式の留め具がついていて、それを使って着脱するように作られています。ほかのタイプのブラもありますが、このタイプがもっとも人気があります。

なぜ重要なの？　ベルトは体にフィットしている必要がありますが、使っているうちに伸びてくるから。留める位置を変えていくことで、フィットした状態を保つことができます。

知っておくといいこと　ブラを試着するときには、いちばんゆるい位置で留めてちょうどよいかどうかチェックしましょう。そうすれば、あとで生地が伸びてきても、きつくすることができます。肌に触れる面がなめらかに仕上がっているものを。フロントホックブラなど、ほかのタイプのものも悪くないですが、調整の幅は狭くなります。

4 カップ

「カップ」って何？　いうまでもなく、バストを収め、支え、形づくるパーツ。ブラのサイズ表示ではアルファベットの部分、たとえば「32B（70B）」、「34B（75B）」、「36B（80B）」などの「B」が、カップサイズです。

なぜ重要なの？　ハーフカップ、フルカップ、さらにパッドの厚いもの、薄いもの、ないものなど、さまざまなタイプのカップがあって、さまざまなバストラインを作り上げます。カップのデザイン次第で、バストのボリュームアップ、ボリュームダウンが可能になります。

知っておくといいこと　ブラのサイズは、サイズ表示のアルファベットの部分で示されていますが、だからといって、「B」カップの大きさが一定しているわけではない、ってこと、ご存じでした？

なぜかというと、表示にあるカップサイズというのは、「バストのもっともふくらんでいる部分の胸回りとふくらみの下の部分（アンダーバスト＝サイズ表示の数字の部分）の胸回りとの差」だからです。

各カップサイズは、Aから順に、1インチ刻みで規定されています（ここでは、それに準じて作られた日本規格だけあげておきます）。

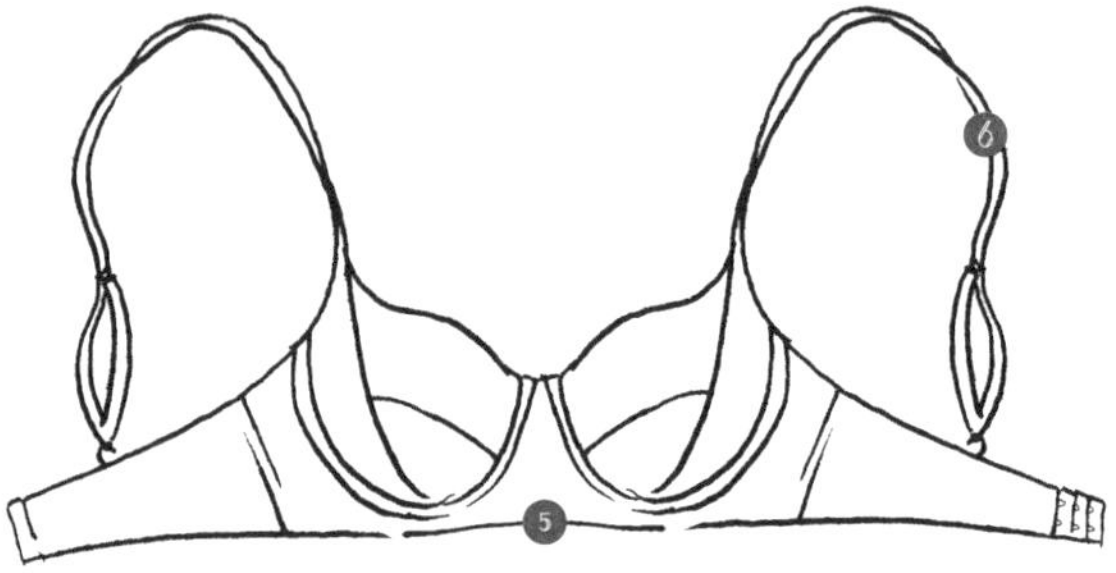

Aカップ――「差」が、10センチ
Bカップ――「差」が、12・5センチ
Cカップ――「差」が、15センチ
Dカップ――「差」が、17・5センチ
Eカップ――「差」が、20センチ

だから、たとえば、「32B（B70）」のカップの大きさは「34A（A75）」と同じ。「36C（C80）」のカップの大きさは「34D（D75）」と同じです。カップの容量は同じで、ベルトの長さが異なるのです。

カップのサイズが同じでも、見た目はアンダーバストとの比較から、「32B（B70）」のほうが「34A（A75）」よりバストが大きく感じられるので、フィッティングのときには、よーく吟味してください！

5 フレーム（クレードル）

「フレーム」って何？　カップをおさめている別布のこと。

なぜ重要なの？　2つのカップを固定し、最適な支えを提供します。

知っておくといいこと　フレームなしで、カップがセンターゴアに直接ついているデザインのものもあります。ですが、バストをしっかりサポートしたいなら、フレームつきを選んだほうがいいでしょう。

6 肩ひも（ストラップ）

「肩ひも」って何？　ひもの一方の端はカップに、もう一方の端は背中部分のベルトについています。カップ側では、デザインによって、カップの中央から両脇の間のどこかにつくことになります。たいていの肩ひもに、長さを調節するためのリング型スライド式のアジャスターがついています。

なぜ重要なの？　間違えないでいただきたいのは、肩ひもは、カップとベルトを適切な位置に固定はしますが、バストの重みを支えるためのものではないということ。覚えていますか？　それは「ベルト」の役割です。

質のいい伸縮素材で作られている肩ひもは、ずり落ちてきません。肩ひもは伸びる必要がありますが、もっと大事なのはきちんと元に戻ること。買う前に、伸縮性をテストしましょう。

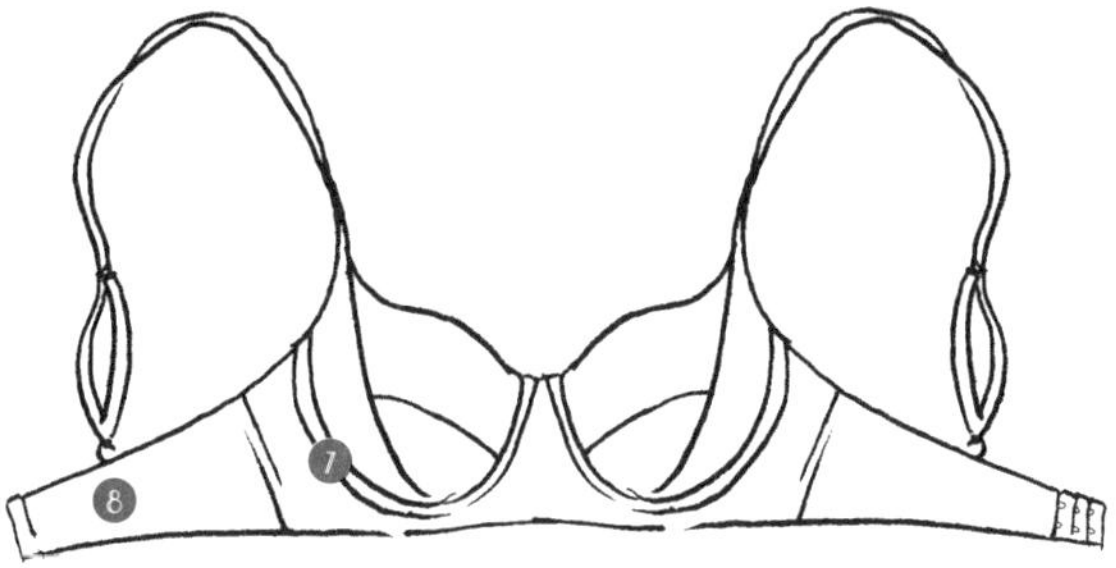

肩ひもを手で引っ張ってから、手を離します。質の悪い伸縮素材は、すごく簡単に伸びますが、きちんと戻りません。しっかりした素材は、それほど簡単には伸びませんが、100％元に戻ります。

知っておくといいこと　肩ひも全体を伸縮素材にするのではなく、一部に伸縮しない素材を使うことで、伸びるのを防いだり、最小限に抑えることができます。肩ひものカップとつながる部分に、よく花のつぼみや小花のモチーフ飾りがついているのは、そのためです。

7 アンダーワイヤー

「アンダーワイヤー」って何？　カップの下側に縫い込まれている針金状のもの。金属またはプラスチックで、スマイルマークのようななだらかなカーブ型に作られています。ワイヤーが入っていないブラもあります。

なぜ重要なの？　アンダーワイヤーのついているブラのほうが、ついていないものより、バストにフィットし、バストを持ち上げて形を整えます。ワイヤー部分がバストを完全におさめ、バストにぴったり沿うブラを選びましょう。そうならない場合は、カップが小さすぎる可能性があります。

知っておくといいこと　メーカーやデザインによって、ワイヤーの固いもの、柔らかいものと、いろいろあります。一般に、柔らかいもののほうが自然なつけ心地となります。

ワイヤーの肌に触れる側を柔らかい起毛素材の布で覆ってあるのが、質のいいブラ。布はチューブ状に覆ってあることもあれば、扁平な形に覆ってあることもありますが、扁平な形のもののほうが、バストをカップの適切な位置に収め、カップがずれにくいので、お勧めです。

⑧ サイドベルト（ウィング）

「サイドベルト」って何？　ベルトの一部で、カップとホック部分のあいだにあるベルトのことです。

なぜ重要なの？　ブラを背中の適切な位置におさめます。

知っておくといいこと　肩ひもと同様のテストをして、生地の伸縮性をチェックしましょう。ブラのこの部分も、伸びてきちんと元に戻る必要があります。

分解して検証してみた！質のいいブラと劣るブラ、どこが違うのか？

パーツの紹介は以上です。では、こうしたパーツがどのように、センシュアルな全体を作り上げているのか？

わたしはその答えを見つけるべく、ブラを2つ――質のいいブラと質の劣るブラ――と、縫い目を切る道具、リッパーを買ってきました。

何をする気かって？　疑問に対する答えを見つけるために、縫い目をほどいて、ブラを分解するのです！


まずは、質の劣るブラから。コバルトブルーのナイロン製で、似たような色のレースの縁取り、センターゴアには小さなハート型の銀色の飾りがついています。一見、とてもきれいです。

わたしはブラを裏返し、どこからほどけばいいか考えました。真ん中からほどくことにし、糸目にリッパーを引っ掛けて、グイッと引っ張りました。その切れ目から、アンダーワイヤーを覆っている布の縫い目をほどいたら、カップ布のほつれた布端があらわになりました。レース飾りは縫い目が粗かったので、引っ張ると簡単にほどけました。

ホックには白いエナメルが塗ってあり、下手なマニキュアみたいに、すでにはがれていました。端のほつれた布切れと糸先がほぐれた糸くずを並べて見てみると、すべてがだいたい同じ色ですが、まったく同じではありません。

質のいいほうのブラは黒。カップには、スカラップのレースがかぶせてあり、肩ひもの上半分が、黒のサテンで覆われた2本の細いチューブ状のストラップになっています。肩ひもとカップを縫い合わせた継ぎ目には、デイジーの刺しゅうモチーフ。センターゴアには、スワロフスキー・クリスタルで作られたもうひとつのデイジー。ベルトは黒のレースで覆われ、ホック部分には金色のかぎホック。

このブラを分解してしまうなんて、もったいない……。

縫い目がなかなか見つかりません。アンダーワイヤーの覆い布をつかみ、もう一方の手でカップを引っ張ってみました。でも見えない。もう一度引っ張ったら、わずかに見えました。3回目でやっと縫い目を見つけ、糸目にリッパーを差し込みました。リッパーを小刻みに動かして、何度か糸をグリグリ押したら、ようやく糸が切れました。

あとは同じ作業の繰り返しです。つかむ、引っ張る、差し込む、切る……。カップ裏面を覆っていた布がはがれると、中から、黒い布でくるんだスポンジ素材が現れ、わたしが手を加えなかったら日の目を見なかった、黒い素材の層が明らかになりました。

分解を終え、ほどいた糸の山を見てみると、糸はかすかな光沢があり、縮れた状態になってはいましたが、糸先はほぐれていません。バラバラになったパーツの一つひとつが、それだけでもエレガントです。

数時間後（ほどくのは時間がかかるのです！）、あたりを散らかしまくった挙句、答えが見つかりました。

見えない縫い目、洗練された縫製、正確な色合わせ、飛び出している糸や周囲にそぐわないパーツがひとつもない――こうした陰の部分、手抜きしていない細かな部分が「センシュアリティ」を生み出していたのです！

質のいいブラは、アンダーワイヤーといった表には出ない部分まで、良質のものが使われていました。つまり、意図的に、五感を呼び覚ますように設計されていたのです！

一流シェフが食材と包丁を使って、忘れられないような料理を作り上げる

ように、ランジェリーデザイナーは、針と糸、適切な生地を使って、感情を引き起こす作品、そしてもちろんバストにフィットし、バストの形を整える「アート作品」を作り上げているのです。

あなたに「夢のデコルテ」をもたらすのは、どのタイプ？

ブラには、じつにたくさんのことが求められています。だからこそブラには、いくつものタイプがあり、それぞれ作り出すバストの形が微妙に異なります。今度、デパートやランジェリーショップに行ったら、いろいろなブラを試してみて。

あなたに「夢のデコルテ」をもたらすブラが見つかりますように！

バルコネットブラ　「バルコネット」というのは、「バルコニー」の意味。カップが浅く、バストの下半分を覆う形のブラで、持ち上げ効果大の小さめなバスト向き。肩ひもはカップの外側の端についています。

ハーフカップブラ、デミカップブラ　このタイプはフランスでは「コルベイユ」と呼ばれ、大きめのバストに向いています。カップはバストの半分から4分の3を覆い、十分なサポート力がありながらも、ふっくらとまるみのあるバストを形作ります。豊満なバストラインを作り、谷間を演出します。

フルカップブラ　クラシックな形のブラで、深いカップがバスト全体を覆い、支えます。このタイプはほとんどがアンダーワイヤー入り。中ぐらいからとても大きなバストに向いています。

モールドカップブラ　型に生地を載せ、高圧で熱して作られたもので、縫い目がなく、形がついています。つけ心地がよく、タイトな服を着てもブラのラインが目立つことなく、自然でなだらかなバストラインを作ります。

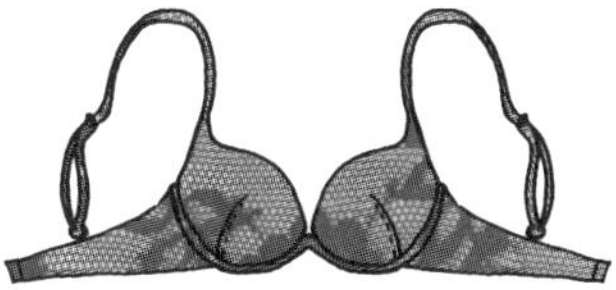

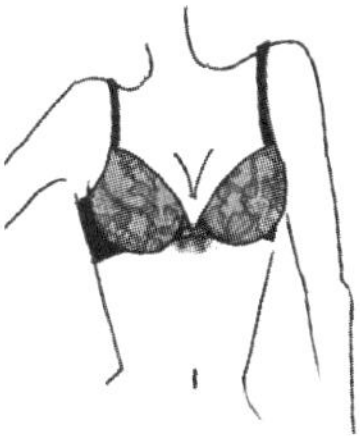

プッシュアップブラ　角度のついたカップが、バストを寄せて谷間を作り、ボリュームを演出。襟ぐりの大きくあいた服には、このタイプが理想的です。小さいバストにも大きなバストにも向きますが、大きめのバストの人は谷間ができすぎないように（過ぎたるは及ばざるが如し）。

プランジブラ　「プランジ」というのは、急降下などといった意味で、センターゴアの位置が低いため、胸元が深くあいた服を着るときには必須。下からのサポート力を維持したまま、谷間を作れます。肩ひもが外側についているので、襟ぐりからバストにかけての露出部分が広くなります。

シーム入りブラ　カップを2〜3枚のパーツを縫い合わせて作ることで、縫い目のラインがバストを持ち上げ、形を整えるように設計されています。カップ中央に縦のラインが入っていれば、持ち上げ効果があり、横のラインやカーブしたラインが入っていたら、丸みを持たせる効果、カップのサイドにラインが入っていたら、バストを前に押し出す効果があります。

ストラップレスブラ　ブラの働きのほとんどを担っているのはベルトですから、肩の出る服を着るなら、このタイプが最適。ベルトに確実に働いてもらうには、かぎホックが少なくとも3段ついているものを選びましょう。

とはいえ、あなたが豊満なバストの持ち主の場合、フルカップのストラップレスブラは考えもの。肩ひもがないため、カップを適切な位置に保てないからです（編集部注：小さすぎるバストの場合も、動いているうちに上にずれて残念な状態になっていることがありますが……）。

ストラップレスブラをつけたときには、自由な動きが制限されると感じているなら、ドレスのワードローブそのものを考え直すべきでしょう。つまり、ストラップレス以外のドレスを選ぶことです。

スポーツブラ　イギリスのポーツマス大学の研究チームによれば、適切なスポーツブラをつけることで、バストの横ゆれ、縦ゆれを80％まで抑えることができ、不快感やバストの垂れ下がり、恥ずかしさといったバストのゆれの弊害を減らすことができるそうです。

スポーツブラの中には、「呼吸する生地」と呼ばれる素材が使われているものがあります。この素材はマイクロファイバーで作られたもので、汗を吸い、水分を逃すので、上に着ている服が汗で湿らず、汗による皮膚のトラブルや不快感を防ぐといわれています。

Lesson 06.

［ レッスン 6 ］

感触の違いを知る

ランジェリーをつけた自分が「どう見えるか」ではなくて、ランジェリーをつけた自分を「どう感じるか」。


「人は食べ物で決まる」――自分に栄養を与えることとは、文字どおりの意味でも、比喩的な意味でも大事なことであるのは、だれでもご存じですね？

では、着るものについては、というと……。「人は着るもので決まる」という言葉もありますが、これは、下に着るものより上に着るもの――どんな恰好をしているか――のことです。実際には、ランジェリーも食事と同じように、わたしたちの心身の健康や幸福感に影響を与えているというのに！

自然の中でのヨガ合宿とか、グリーンスムージーといったものばかりが、健康や幸福感をもたらすわけではありません！

では、ここでちょっとあなたに質問です。今朝はどんなランジェリーを選びましたか？　次のどれに近いですか？

・Tシャツブラとオーガニックコットンのパンティ。
・くたびれたブラと伸びたTバック。
・スマホよりも高かった紫色のシルクのブラとおそろいのパンティ。
・スポーツブラ……洗濯ものをためてしまったので。
・記憶にない。

多くの女性が、自分の体型を改善できれば、自分のことをもっとよく思えるようになる、もっと自信が持てて、もっと魅力的で、エレガントで、センシュアルでセクシーになれる、と思い込んでいます。そしてランジェリーをそのときのごほうびのようなものと思っています。

つまり、いま、いい気分になるための手段とは思っていないのです。

でも、ちょっと待って！


ランジェリーをつけた自分が「どう見えるか」ではなく、ランジェリーをつけた自分を「どう感じるか」を重視することで、体型を改善しなくても、自分のボディイメージを改善できるのです！

恋人に撫でられる感覚を味わうのも、痛みや不快感に悩まされるのも、ランジェリーの生地次第。

適切な生地で作られたランジェリーは、あなたの体を引き立て、つねにあなたの動きに合わせます。仕事を終えた帰り道、歩いているときも、親友の肩に腕をまわしているときも、子どもの靴ひもを結ぼうと膝を曲げたときも、ズンバ教室で腰をゆらしているときも、お気に入りのブラにバストを押し込んでいるときも……適切な生地で作られたランジェリーは、あなたとともに動くのです。

ひょっとしてランジェリーの「生地」が何だろうと、たいした違いはないと考えている方もいるかもしれませんが、それは間違い！　生地によって、ブラのできばえやサポート力、伸縮性、吸汗性が違ってきますし、色が褪せにくい生地もあれば、長持ちする生地もある。廃棄したときの環境への影響にも違いがある！

さらに、身につけたとき、あなたにどんな感覚や感情を呼び起こすかも、違うんです！　シェイプアップ効果ばかりが取りざたされ、裸体と衣服のあいだの、表からは見えない層の感触が見過ごされているように思います。もし、あなたがランジェリーから、まだ何も感じたことがないとしたら、なんて、もったいない！！

立ち止まり、息を吸い、感じてみましょう。

フランスには、「A《ア》 fleur《フレール》 de《ド》 peau《ポー》」という名のランジェリーブティックがよくあります。「花 (fleur)」と「皮膚 (peau)」という言葉が入っているので、てっきり、バラの花びらのベッドのような意味かと思っていました。しかし、またもやマダム・アナベルがわたしの考え違いを訂正してくれました。

「花とはまったく関係ないの。『皮膚の表面』のことなの」

「えっ、『表皮』のことですか」

「さらにその上。そっと触れられたり、撫でられたりしたときのことを思い出してみて。『ア・フレール・ド・ポー』というのは、恋人に触れられて、ゾクッとしたときのような、とても身近な感覚のことよ」

というわけで、高校の「生物」を復習してみると——。

「皮膚」といえば、人体最大の器官。表皮、真皮、皮下脂肪からなり、つねに外部と直接触れて、わたしたちの内部が外に飛び出すのを防ぎ（本当に助かります）、感覚受容器を保護してくれています。

「感覚受容器」というのは特殊な末端を持つ神経のことで、その末端がまわりで起きていることをキャッチし、その情報を電気信号に変えて脳に送り、脳がそれを処理、解釈します。つまり、接触、温度、圧力、痛み、振動などの刺激に反応するわけですが、そのときにわたしたちが味わう感覚は、刺激への「能動的なタッチ（接触）」か、「受動的なタッチ」かで違ってきます。

「能動的なタッチ」というのは、自分から行う接触のこと。たとえばクリエイティブな人たちは、素材に「能動的に」接触しています。生地の見本市でのデザイナー、アトリエにいる画家、リビングルームで編み物をしているご婦人……みんな、自ら素材と関わり合い、素材に触れたり、手を加えたりしています。かれらの喜びは、完成品の美しさだけではなく、手を使ったクリエイティブなプロセスから生まれているんじゃないかと思います。

「受動的なタッチ」というのは、だれかに頬をそっと撫でられたときの感覚や、衣服の着心地など、文字どおり「受け身の」接触のこと。何かが触れたり、離れたりしたときだけ特定の感覚受容器が働き、それ以外のときには何の感覚も抱きません。

ただし、皮膚にブラのタグやレース部分があたったり、アンダーワイヤーが食い込んでいたら、話は別。不快感は別のタイプの感覚受容器にキャッチされ、脳に送られます。そして脳が、その不快感がたいしたことのない刺激か、もっと大きな脅威なのかを判断します。

ランジェリーに用いられる「生地」と「繊維」いろいろ

ランジェリーを買うときには、能動的と受動的、両方の接触による感覚が気になるところです。レースや刺しゅうの模様は、手でなぞったときと身につけたときでは、違った感じになるものです。そもそも皮膚に触れるのは、カップやベルトの裏側ですし。ランジェリーを指で触ったときの感覚は、身につけたときの感覚と同じではないのです。

ですから、抜け目のない広告部門が作るキャッチコピーや、もっともらしい謳い文句に惑わされないように。それらは、製品を説明するためというよりも、納得させるためのものです！

これから、あなたの皮膚に直接触れる繊維や生地について説明します。ランジェリーが喜びや驚き、安らぎをもたらすかどうかは、繊維――言ってみれば「栄養素」――で決まります。適切なランジェリーを選び、賢くお金を使うには、生地にどんな選択肢があるかを知っておく必要があるのです。

ランジェリーでも、シルクは別格！

シルクは、いい気分にさせる生地の筆頭！　数あるランジェリーの生地の中でも、シルクがもたらす柔らかく繊細な感覚は、別格。ですので、このあと、さまざまな繊維・生地の比較に入る前に、特別にご紹介します！

上質のシルクを作るのに必要なものは、カイコガと大量の桑の葉の２つです。メスのカイコガが２００～５００個のごく小さな卵を産み、その卵から幼虫（カイコ）がかえり、すぐに桑の葉を食べ始めます。幼虫は大量の桑の葉を食べ続け、1カ月後には、なんと1万倍の大きさに達します！ そのころから、ごく細い糸を吐いて繭《まゆ》を作り、その中でサナギになります。

繭の繊維状の糸は1キロメートルほどに及ぶといわれています。その繊維状の糸を繭からはがし、ほぐし、紡いで糸にし、その糸を織ったり編んだりして、生地にします。

上質のシルクを作るには、ごく細く、長い糸が必要ですが、中で育ってサナギから成虫になると、繭に穴をあけるので、糸が切れてしまいます。そのため、繭はその前に、蒸されたり、ゆでられたり、熱風を吹きつけられたりすることになります（カイコにとっては酷な話です）。


シルク生地を作るには膨大な数の繭が必要ですし、カイコを養うには信じられないほど大量の桑の葉、つまり広大な桑畑が必要です。

したがって、昔はフランスや日本でも生糸が作られていましたが、いまでは、中国、インド、ブラジルなどが生糸の主要生産国。フランスのシルク産業は危機に瀕していますが、それでも、デシン、モスリン、ジョーゼット、シフォン、シャルムーズ、サテン、ダッチェスサテンなどの美しい高級シルク生地のデザイン、製造が続けられています。

ランジェリーに使われる「繊維」のお話

「繊維」は、生地の目に見える構成要素の中で、もっとも小さなものです。繊維が集まったら、それを紡いで糸にし、糸を使って生地を作ります。

布地の繊維は大きく分けて、「天然繊維」と「合成繊維」があります。天然繊維は植物や動物から採れ、合繊繊維は化学薬品を使って工場で作られます。

わたしたちはなんとなく、天然ものならよくて、合成品はよくない、環境にやさしくないなどと考えがちですが、天然素材でも、たとえば綿などは、栽培するのに大量の水と化学肥料、農薬（殺虫剤）を必要とし、畑から始まって製綿所、工場、消費者で終わるサイクルの中で、大量の二酸化炭素を排出します（最近では、オーガニックコットンの流通も盛んになってきましたが）。

合成繊維のポリエステルなどは石油から作られ、その石油は、再生も微生物による分解もできない資源で、環境を汚染し、地球温暖化を招きますが、その一方で、ポリエステルはリサイクル品で作ることができますし、ペットボトルからも作れるといわれています。

ほかに、繊維の中には、天然の原料を化学処理して作られたものもあり、「半合成繊維」、「再生繊維」と呼ばれています。たとえばレーヨンは、木材パルプから採取したセルロースを化学処理して作られる「再生繊維」です。

また繊維の中には、「綿」などのように、生地も同じ名前のものがあります。それは、繊維から直接生地を作れるからで、「スパンデックス」などの繊維は単独では使えず、ほかのものと混紡して生地に仕上げます。

それでは、ランジェリーによく使われる繊維の説明に入りましょう。繊維の特徴を簡単に説明し、長所と短所もご紹介します。

長所と短所については、「強度（丈夫さ）」、「耐久性（長持ちするかどうか）」、「吸水性」、「環境への影響」、「手入れのしやすさ」、そしてランジェリーには欠かせない「伸縮性」などの面から評価しました。

なお、「伸縮性」というのは、どのくらい長く伸びるかということではなく、伸びたあとに元の形に戻る能力のことだということを、お忘れなく。

天然繊維

天然繊維は、植物や動物から採れます。

綿　収穫の時期を迎えた綿花の木は、まるでポップコーンのなる木のよう！「ボール」と呼ばれるさやの中で、フワフワした柔らかい繊維が育ち、中に納まりきれないほど育ったときにさやがはじけて、モコモコした繊維が現れます。この繊維の中に種が入っています。

［長所］
- 手触りがきわめてよく、柔らかい。
- 丈夫で長持ちする。
- 敏感肌には、綿がいちばん適している。
- 吸湿性に優れ、通気性がよい。
- 微生物によって分解される。
- 手入れがしやすい。

［短所］
- しわになりやすく、アイロンかけを必要とする。
- 伸縮性がほとんどない。

・染めてもマットな色のままで、つややかな色彩のものはない。
・従来の綿は環境を汚染している。オーガニックコットンが望ましい。

亜麻
「亜麻」は、リネン（生地）に使われる植物の名称です。亜麻の茎の中から取り出した繊維は、「最高の繊維」と呼ばれています。

［長所］
・触れるとひんやりし、着心地がとてもよい。
・丈夫で長持ちする。
・吸湿性に優れ、通気性もよく、すぐに乾く。
・光沢があり、腰があって、肌に張りつかない。
・微生物によって分解される。
・手入れしやすい。

［短所］
・かなりしわになりやすく、アイロンかけを必要とする。
・伸縮性がほとんどない。
・規制がゆるい国では、加工の際に環境を汚染する可能性がある。

シルク　カイコガの幼虫、カイコの繭から採れる高級繊維。もっとも上質なシルクは、家蚕《かさん》（家畜化されたカイコ）から生まれます。

［長所］
- シルク100％の素材は最高級で、素肌にやさしい。
- 豊かな光沢があり、美しいドレープ（ひだ）を作る。
- 吸水性がある。
- 多少の伸縮性がある。
- 染料を吸収しやすいため、さまざまな鮮やかな色に染められる。
- 夏は涼しく、冬は暖かい。
- 綿やウールときわめて混紡しやすい。
- 着ているあいだに、しわが取れる。

［短所］
- 汗や日光に弱い。
- 乾燥よりも、水分に弱い。手洗いするか、ドライクリーニングが望ましい。
- カイコを殺すことになる！　ただし「ピースシルク」と呼ばれるものは、通常の方法と異なり、幼虫が成虫の蛾になった後の、穴のあいた繭から採ったもの。

ウール「ウール」には、羊の毛のほか、山羊の「カシミヤ」、ウサギの「アンゴラ」、ラクダの「アルパカ」など、ほかの動物の毛も含まれます。

［長所］
・断熱性があり、シルクとの混紡で保温性の高い贅沢な衣類が作れる。
・放湿性（湿気を逃す性質）に優れ、汗をかいても皮膚があまり湿らない。
・吸水性がある。
・通気性がよい。
・伸縮性に優れる。
・微生物によって分解される。

［短所］
・縮みやすい。
・洗濯がしにくいものもある。
・繊維がザラザラしているので、着心地が悪かったり、チクチクすることがある。
・時とともに毛玉ができる。
・濡れると重く、乾きにくい。
・洗濯後は伸びて型崩れしやすいので、形を整える必要がある。

半合成繊維・再生繊維

半合成繊維や再生繊維は、天然の原料を化学処理して作られます。

レーヨン（ビスコース）　最初の化学繊維。19世紀末のフランスで、コストがかかりすぎて大量生産できないシルクの代替品として開発されました。木材パルプをいったん液状にし、それをシャワーヘッドのように小さな穴がいくつもあいた口金に通して、長い糸状の繊維にします。この製法は「ビスコース法」と呼ばれ、いまでは、「ビスコース」は「レーヨン」を意味するようになっています。

［長所］
・柔らかく、手触りがよい。
・コストが低い。
・涼感があり、着心地がよい。
・適度の伸縮性がある。
・吸湿性に優れている。
・きれいなドレープを作る。
・輝くような光沢がある。

・微生物によって分解される。

［短所］
・しわになりやすい。
・あまり丈夫ではなく、長持ちはしない。
・乾きにくく、熱を当てすぎると黄ばむことがある。
・燃えやすい。
・洗濯に注意を要する。

リヨセル　レーヨンの一種。商標名「テンセル」のほうが知られています。

［長所］
・柔らかく軽く、とてもなめらかで、きれいなドレープを作る。
・製法は似ているが、ビスコース法ほどの化学処理を必要としない。
・丈夫で長持ちする。
・適度の伸縮性がある。
・吸湿性に優れている。
・微生物によって分解される。

［短所］
・レーヨンやほかの多くの環境にやさしい繊維よりも、値段が高い。
・時とともに毛玉ができる。

合成繊維

合成繊維は、完全に化学的に合成された繊維で、ほとんどが石油を原料としています。合成繊維には、格下のイメージをお持ちかもしれませんが、決してそんなことはありません。

ポリアミド（ナイロン）　ランジェリーにとって、なくてはならない繊維。ブラのほとんどに使われています。1938年にデュポン社が「ナイロン」の商標名で売り出しましたが、のちに商標権を放棄。いまではポリアミド系の繊維や生地の総称となっています。

［長所］・軽く、なめらかで、とても丈夫。
・光沢がある。
・適度の伸縮性がある。
・色褪せしにくい。
・乾きが速く、皮膚の湿気を逃す。
・汗で濡れても、生地がダメージを受けない。
・価格が安い。

［短所］
・高熱のアイロンや乾燥機で、簡単に溶けてしまう。
・しみがつきやすい。
・静電気を生む。
・微生物で分解されない。ただし再生利用は可能。
・日光を長時間浴びると、色褪せすることがある。

エラスタイン（スパンデックス）　優れた伸縮性で知られ、元の長さの7倍にまで伸びるといわれています。しかも、ゴムよりも丈夫で長持ち。単体で使われることはなく、必ずほかの繊維と混紡されます。

［長所］
・丈夫。
・しわになりにくい。
・この繊維を加えることで、生地の着心地がはるかに楽になる。
・手入れがしやすい。

［短所］
・吸湿性に欠ける。
・高温の湯で洗濯すると、生地を傷める恐れがある。
・塩素に弱い（水着は、使い終わったらよくすすぎ、塩素を洗い流すこと）。

ポリエステル　開発されたのは1940年代。石油系原料から作られます。

［長所］・手触りが柔らかく、きれいなドレープを作る。
・丈夫で長持ちする。
・しわになりにくい。
・伸縮性に富む。
・汚れ落ちがよく、乾きやすいので、手入れがしやすい。

［短所］・吸湿性に欠ける。
・通気性に欠ける。
・微生物で分解されない。ただし再生利用は可能。
・アイロンをかけると、溶けたりゆがんだりすることがよくある。ただし、アイロンかけが必要になることはほとんどない。
・着たときに、ムズムズ、チクチクすることがある。

マイクロファイバー　極細（髪の毛の10分の1の細さ）で、生地にすると高級感があるので、この繊維は、いまやランジェリー界の寵児となりました。ほとんどのものがナイロンやポリエステルから作られています。

［長所］・身体をやさしく包み込み、着心地が抜群によい。

・丈夫で長持ちする。
・放湿性に優れているので、水着やスポーツウェアに最適。
・しみがつきにくい。
・驚くほど伸縮性がある。
・一日中、型崩れせず、着たばかりのパリッとした感じを保てる。
・洗濯がしやすい。

［短所］
・微生物で分解されない。
・化学処理を経ているので、アレルギー反応を引き起こす恐れがある。
・静電気を生むことがある。

たくさんの繊維、生地を取り上げましたが、このリストはあなたを疲れさせるためのものではなくて、あなたの生地を見る目を養うのを手助けするためのものです！　ランジェリーはもちろん、ほかの衣類を買うときも、見かけのデザインにばかり気をとられず、まずは生地をチェック！　品質表示を見るときにも、このリストをお役立てください。

品質表示は、ここを見よ

品質表示のタグを見れば、下着のＤＮＡがわかります。宣伝のフレーズは忘れて、タグの小さな文字を見ます（とても小さいので虫めがねで見たほうがいいかもしれません）。幸い、ランジェリーに使われる生地はそれほど多くはありません。たとえば、次のような感じ。何を意味しているのでしょう？

品質表示A
ナイロン　93％、ポリウレタン7％

よく見る組み合わせ。丈夫でベーシックなブラであることを示します。
これがレースたっぷりのブラなら、レースがナイロン製だということで、それは「いいところ」。ポリエステル製のものもあり、その場合は、肌にチクチクする可能性が高いのです。

品質表示B
レース部分：ナイロン54％　ポリエステル30％　ポリウレタン16％
メッシュ部分：ナイロン　84％　ライクラ16％

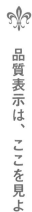

部分ごとの素材が詳細に示されていることから、よく考えて作られているブラであることがうかがえます。レース部分とメッシュ部分の両方に、16％ものライクラ（ポリウレタン）が含まれていることから、伸縮性に優れ、サポート力のある、丈夫で質のいいブラだとわかります。

品質表示C

輸入綿、スパンデックス

情報が少なすぎます。最低限のことしか示されていないものは、たぶん、お値段以外、なんの取柄もないでしょう。長持ちもしないでしょう。

ランジェリーの着心地は、生地次第です。店で、下着のデザインはチェックしても、「感触」についてはあまり気にしないできたかもしれません。でも、今日からは、繊維や生地についての知識にもとづいて、まず品質表示や取扱い表示をチェック！　そして、手に取って、肌に触れた感覚をチェック！

ランジェリーも食事と同じように、栄養のある素材を選んで、豊かな一日を過ごしましょう！

Lesson 07.

［レッスン7］

ディテールの魅力

シュブリーム！　素晴らしい！上質なレースのランジェリーだけがもたらす快感と感動を知っていますか？

フランスで毎日のように耳にする言葉、それが、「シュブリーム（sublime＝素晴らしい）」。天気予報で晴天を伝えるときも「シュブリーム」、ケーキをほめるときも「シュブリーム」、お隣さんがバカンスの感想を語るときも「シュブリーム」……。

そして、ランジェリーを表現するときにも。毎シーズン、「シュブリーム」カラーと「シュブリーム」コレクションが登場するのです。

英語にも発音の違いこそあれ、同じ言葉「sublime」があって、意味も同じく、「抜群に優れたものや美しいもの、感動的なものに接したときの畏敬の念」を表すのですが、考えてみたら、フランスに来る前は、めったに耳にしなかった……。「sublime」と口にするほど、気持ちが高揚する経験をしたことがなかったから？？

さて、ランジェリーで「シュプリーム」なのは、ディテールとその効果。そして、ランジェリーのディテールの代表格は「レース」と「刺しゅう」！

でも、それらの本当の素晴らしさがわかるには、つまり、質のいい「レース」や「刺しゅう」のもたらす快感を理解するには、じっと見て触って、買って、身につけて、手入れして、とそれなりの時間とお金の投資が必要です。

でも、ひとたび、それがわかれば、あなたのランジェリーの体験が一変するほどの感動があるはずです。

これから、そのディテールについて詳しく見ていきましょう。

レースの女王、リバーレース、出生の秘密！？

1816年の12月、フランスのレース作りの歴史が一夜にして変わりました。大胆不敵な3人のイギリス人が、レース生地を織る「リバー織機」を分解して運び出し、岩だらけの英仏海峡を渡って、フランス北部の町カレーに密輸したのです。長さが12メートル、奥行き2・5メートル、重さ12トンにも及ぶ大きな機械だというのに！　船の転覆、溺死、そして逮捕という大きなリスクを負って。当時、新しい機械の密輸は、死刑に値するほどの重罪でした。

リバー織機が登場する前のレース生地は手で作られていました。糸で輪を作ったり糸を絡ませたり結んだりして、1枚の透かし模様の布に織り上げるのは、骨の折れる複雑な作業で、レースは贅沢品の究極のシンボルでした。

1804年、イギリスの若手職人ジョン・ヒースコートは、レースを織り上げる手の動きを徹底的に観察し、最初のレース織機を発明しました。その後、1813年にジョン・リバーがその織機を改良。ついに、なめらかで完ぺきなレース生地が機械で作れるようになったのです。

イギリスは、自国で生まれたリバー織機を誇りに思い、産業秘密として門外不出にしました。

大胆不敵な3人組が数台のリバー織機を隠して渡ったフランスでは当時、ナポレオン戦争も終わり、貴族たちのあいだでレース人気が復活。その数年後には、フランス在住のイギリス人、サミュエル・ファーガソンが、フランス生まれのジャカード織機をレース織機に応用し、どんな模様も作れるようになりました。

こうしてレース作りは、ひとつの産業となり、1883年には、レース工場で1万人が働き、2000台のレース織機が使われたといわれています。

そして、1950年には、小さな港町カレーは、年に1200トンのレース生地を輸出するまでになり、世界のレース生産の中心になりました。

カレーのレースメーカー「ノワイヨン・ドンテル」のオリヴィエ・ノワイヨン社長によれば、1台のリバー織機にすべての糸を取りつけたら、糸の長さは6万キロメートルに及ぶそうです。これは地球1周半分。そしてなんと、糸を取りつけるだけで2カ月かかるといいます。

織機そのものの製造はとうの昔に行われなくなりましたが、100年以上前に製造された機械はいまだ現役。カレーの町には現在、レースメーカーが7社、リバー織機が220台あり、従業員は約500人。

多くが、機械の動きに応じて正確な手作業を行う熟練職人で、なかでもとくに高度な技術を持っているのが「チューリスト（チュールを作る人）」と

呼ばれる職人。かれらは整備士のような手と音楽家のような耳を持ち、機械の故障やら糸の切断やら、すべての不具合を修理します。

チューリストが、織機の稼働音や癖も含めて、ひとつの織機を完全に理解するには、長年にわたる見習い修業が必要です。リバー織機には標準仕様などというものはありません、不具合が生じたときは、職人たちが、経験に頼り、知恵と機転を働かせて、問題を解決しているのです。

レースの製造コストの９０％は人件費です。ビジネスセンスのある人は、もっと安く、早く作れる製造法に切り替えて、生産量も利益も増やしたほうがいいと言うでしょう。

でもレース職人たちは、アーティザン（工芸家）なのです。アーティストと同じように、芸術作品を作っているのです。

レースに対する思い違い

マダム・アナベルに、ブラは「レースつきとレースなし、どちらがいいか」と聞かれるまで、そんなこと、考えたこともありませんでした。どちらかといえば、レースつきは、ゴテゴテしていて、邪魔くさいし、時代遅れな感じがして、あまり好きではなかった。でもそれは、わたしの完全な思い違いでした。レースについてのいろいろな思い違いをいくつか挙げてみましょう。

「レースはゴワゴワする」

たしかに、質の悪いレースはゴワゴワします。でも、リバー織機で作った「リバーレース」にはそんなことはありません！

ただし、あなたが敏感肌なら、ポリエステルのレース生地にはご用心を。購入前に、必ずレースの下に手を滑り込ませて感触をチェックしましょう。

リバーレースは、クジャクがレースの羽根を広げたエンブレムと「Dentelle de Calais（「カレーのレース」の意）」のロゴを組み合わせた、白地に黒の登録商標で見分けることができます。最近は「Dentelle de Calais-Caudry（「Caudry（コードリー）」も伝統的なリバーレースの産地）」のロゴも復活しました。

リバーレースではあなたの予算を超えてしまう場合は、ナイロンのレースをお勧めします。ポリエステルほどゴワゴワしません。

「破れやすい」

そんなことはありません！　質のいいものは簡単には破れません。

「安ければ安いほどいい。他人からは見えないものだし！」

値段の違いは、まず肌触りにあらわれます。あなたは本当にヤマアラシのようにいつも感じていたいのですか？

「意味深で、いわくありげ」

挑発的な黒の透けたスリップであれ、白いレースの無垢なウェディングドレスであれ、喪装用の黒のベールであれ、レースは、独身か、既婚か、未亡人かを示すものだと思っていました。でもそれはまったくの誤解でした。

「レースなんて時代遅れ」

レース業界は時代の変化や新しい素材の登場に合わせて、さまざまなデザインや新製品を生み出してきました。かつては綿や亜麻だけで織られていましたが、いまでは、ナイロンやライクラ、マイクロファイバー、さらには環境にやさしい新繊維も取り入れられています。

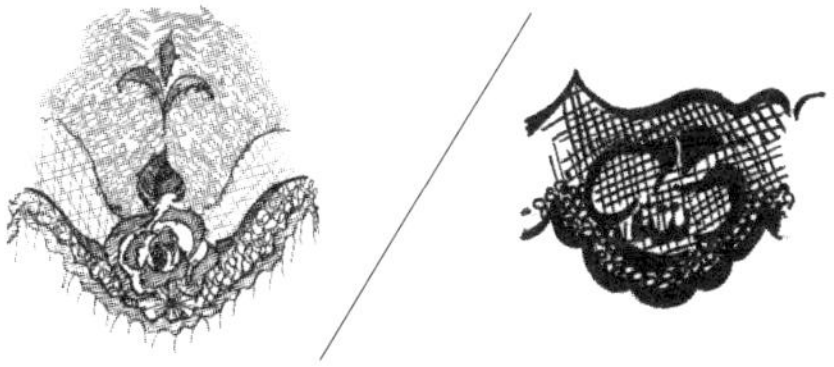

good-quality lace　　poor-quality lace

なかでもストレッチレースは、もっとも成功した新製品といえるでしょう。いまでは、ランジェリーデザイナーとレースデザイナーが組んで、フィット性の高い魅惑的なレースランジェリーを生み出し、人気を呼んでいます。

「違いがわからない」

たしかに、ひと目見ただけではわかりません。でもワインの試飲と同じで、判断基準がわかれば、質のいいレース生地の手触りの柔らかさが実感できるようになります。

質のいいレース生地は、織って作られています。土台のネット地に目を凝らしてみましょう。ネット地の目が格子状なら、質がいいものです。そして、目が詰まっていて、モチーフが同じ平面にあるようには見えないものです。模様と土台の境目が曖昧ではなく、高解像度の画像のようにくっきりしています。

織って作られているレースは、引っ掛けても伝線しません。ですから、あなたが質のいいレースの服を着ていたら、引っ掛けても、シンデレラのように急いで立ち去る必要はありません。

一方、質の悪いレースはゴワッとした手触りで、ヘンな光沢があるものが多いようです。ネット地の目が粗く、穴のようになっていたり、モチーフとモチーフの間隔が離れていて、下地との境目がはっきりしなかったりするものも多い。

ネット地に目を凝らしてみましょう。目がループ状になっていたら、それは編んで作られたもので、質が劣ります。そういうレースは、引っ掛けたらすぐに伝線します。

質のいいレースの服は高くて手が出ないけれども、安くてもいいからレースの服の透け感を楽しみたいと思っている方に。その場合は、ランジェリーと服の色を同系色に。反対色より、レースやディテールが引き立ちます。

高価なものであれ、高価ではないものであれ、あなたが気に入ったなら、それでいい。でも、手頃な値段だからという理由だけで、購入を決めるのはやめましょう。

スイス、ザンクト・ガレンの「エンブロイダリーレース」

「エンブロイダリー」と呼ばれる刺しゅう生地も、レースのひとつといわれることが多く、レース生地と同様の効果をもたらしますが、製法がまったく異なります。レース生地は、透かし模様を織り込みながら一枚の生地に織り上げたものですが、エンブロイダリーは、薄い布地に、針で透かし模様の刺しゅうをほどこしたものです。

エンブロイダリーの歴史は、スイスの小さな町、ザンクト・ガレンで始まりました。12世紀からリネン織物作りで栄えた町です。リネン地を、日光にさらして漂白するために、野原いっぱいに広げたさまは、まるで雪が降ったようで、町は「ホワイトシティ」と呼ばれるようにまでなりました。

ところが、18世紀にイギリスが綿織物の生産を開始すると、リネンは安価な綿に取って代わられ、ザンクト・ガレンのリネン産業もすっかり低迷。しかし、この町の織物産業は、綿を栽培し、薄地で透け感のあるモスリンを織ることで、再び活気づきます。

やがて、モスリンに手で刺しゅうをほどこすと、上品で繊細な生地になることに気づき、この町にエンブロイダリーの家内産業が誕生したというわけです。

産業革命が町の織物産業に再び大きな変化をもたらしました。

１８２８年に、フランス人のジョシュー・ハイルマンが最初の刺しゅう機を発明しました。その機械をザンクト・ガレンに住む実業家フランツ・エリゾス・リトマイヤーと職人フランツ・アントン・ヴォグラーが改良。

１８８３年には、同じくザンクト・ガレンに住むチャールズ・ウェターが刺しゅうの化学処理法を開発。それが「ギピュール」と呼ばれていた生地の製法改善、生産量増加につながりました。

この生地は、いまでは「ベネチアンレース」、あるいは「ギピュールレース」と呼ばれています。

ギピュールレースは、実際には刺しゅう生地で、チュール地に針で刺しゅうしてモチーフを作り、かつてはそのモチーフを手作業で切り取って、作っていました。チャールズ・ウェターが開発したのは、チュール地を化学的に溶かす方法でした。

こうした１９世紀のいくつかの発明が、ザンクト・ガレンの町に再び繁栄をもたらすことになりました。

エンブロイダリーは、服やランジェリーの装飾として、いまも人気を博し、

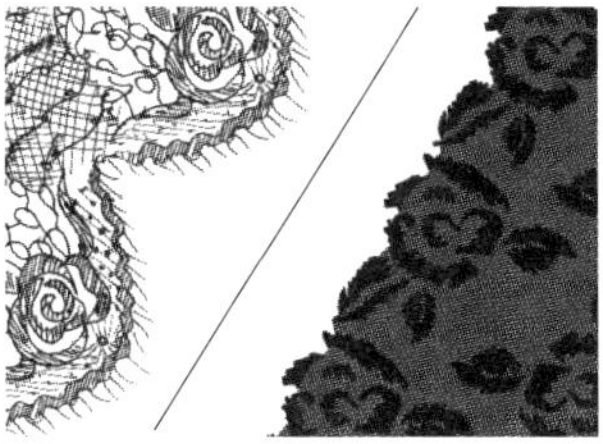

なかでもスイス製のエンブロイダリーがもっとも質が高いとされています。

エンブロイダリーの特徴は、レース生地よりもさらに形が明確で、浮き出た模様を作れることですが、いまでは、両者を融合したエンブロイダリーレースも作られています。これは、レース生地の模様を機械刺しゅう（たいていは生地とは異なる色の糸）でなぞって作られる、とても美しい生地です。

最先端の技術がデザインを後押しし、デザイナーたちは刺しゅうで表現できる果てしない可能性を探り始めています。

アナベルのブラに出会う前のわたしは、ブラに装飾など必要ないと思っていました。何事も、簡単でシンプルなのがいちばんだと思っていたのです。でも、最初にアナベルが勧めてくれたあのブラのレースは、不要な装飾ではなく、むしろ、ブラに欠かせない要素でした。ブラに完全に溶け込んでいたのです。布地が終わったところからレースが始まっているように見えて、いったいどうやってつけたのだろうと思ったほどです。布地からレースへのつなぎ目がわからないくらい自然でしたし、レースが生み出す繊細な陰影も魅力的に思えました。

あなたのお持ちのブラには装飾がついていますか？

次にブラを買うときには、ちょっと時間を作って、レースや刺しゅうのあるブラと、装飾のないブラを比べてみてください。さてあなたは、どちらを選ぶでしょう？

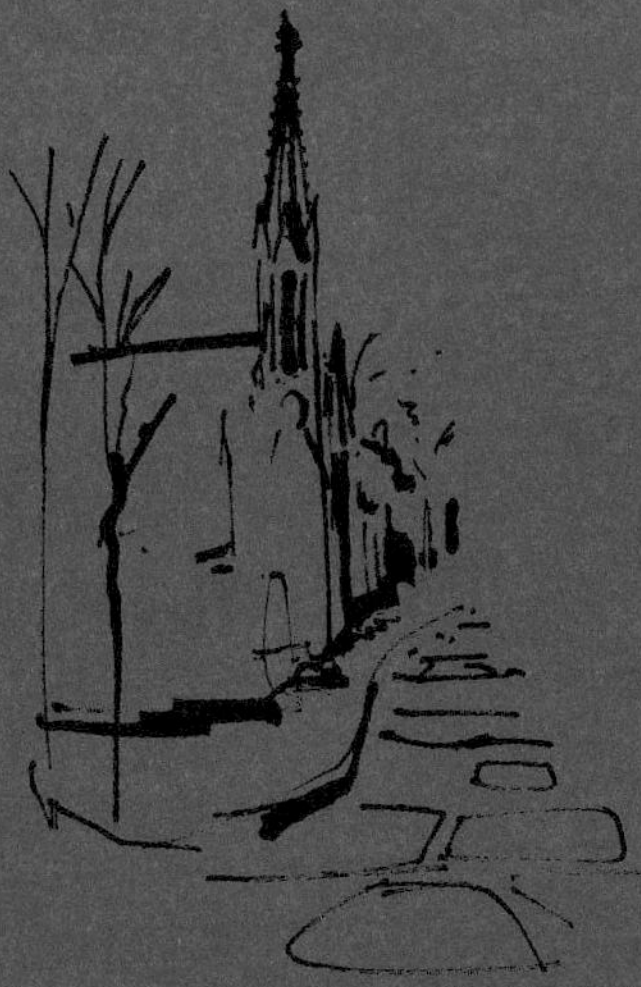

Chapter

03

フレンチ
ランジェリーを
身につける

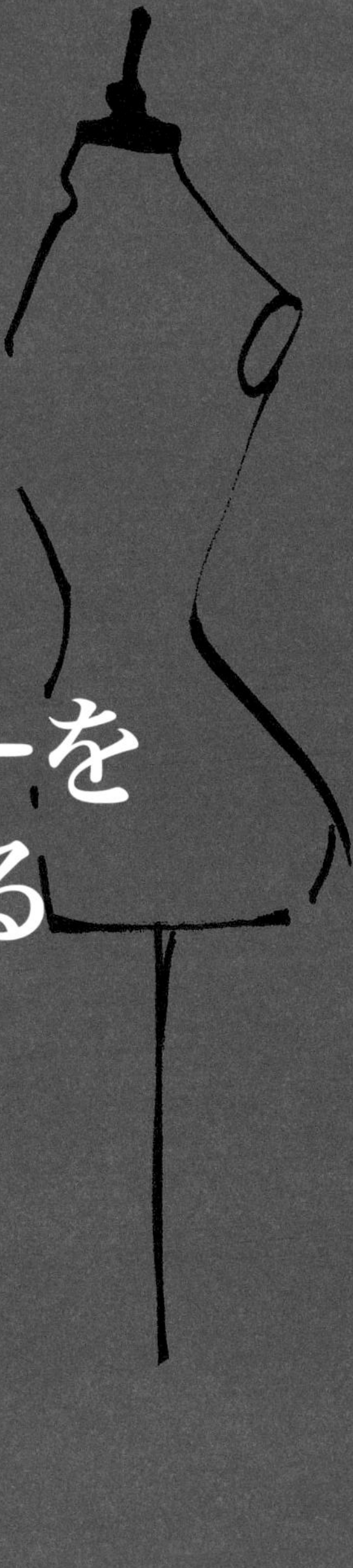

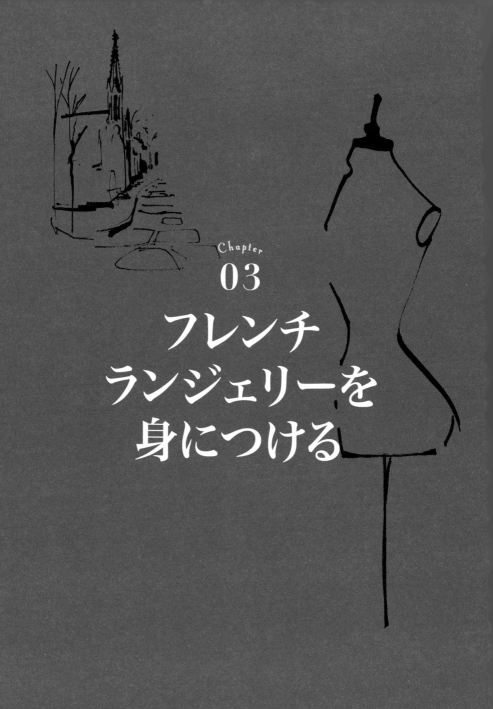

Lesson 08.

［レッスン8］

自分のシルエットを知る

体型に合ったタイプのブラとパンティがわかれば、あなたはもっと自分の体が好きになるはず！

影や輪郭、体型を示す「シルエット」という言葉が、もともとはフランスの財務大臣エティエンヌ・ド・シルエット氏からきているのをご存じですか？

時は、18世紀。フランスでは、肖像画を描いてもらうのが大流行でしたが、それには多額のお金がかかる。そこで、本物の絵を描いてもらう金銭的余裕がない人たちの間で流行っていたのが、その代替品としての安価な影絵。

それに目をつけたのが、深刻な財政難のなか、国民に贅沢を控えるように説いていた、時の財務大臣シルエット氏で、影絵を奨励します。ところが、国民には不評、ケチ呼ばわりされた挙げ句、かれが好んだ安価な影絵が「シルエット」と呼ばれるようになった、というわけです。

その後「シルエット」は人気を博し、いまも作られていますし、言葉の意味も、安価なものを指す言葉ではなく、「輪郭、体型」の意味で使われているのですから、シルエット氏もあの世で驚いていることでしょう。

フランスは、シルエットのタイプ分けからして、センシュアル

そのシルエット、一般的には、「りんご型」とか「洋なし型」とか「円柱型」とか、いずれにしろ言われてうれしいものじゃない。体型を表す別の表現が必要よ！ と思っていたら、ありました！ やはり、フランスに。

フランスでは、「A」「V」「H」「X」「O」という「文字」で表現する分類法が使われているのです。

この5文字は、どれも形がきれいですが、文字自体に意味はありません。文字のいいところは、言葉を作れること、決めつけるのではなく、感情を引き出すような言葉を作れることです（次に紹介するリストでは、わたしが考えた言葉を添えました）。不快になるだけの、ごちゃまぜのたとえなんかではなくて！

では、5文字が表す体型とは？ そして、各体型に合うブラやパンティは？ 順にご紹介しましょう！

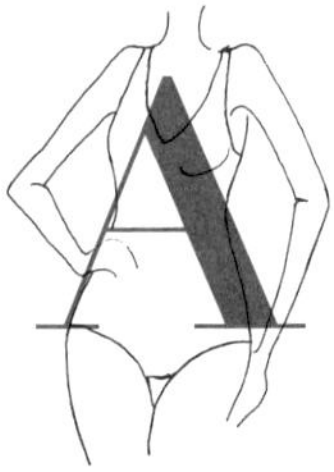

「A」は「Allure（魅力）」の「A」

A型　A型の特徴は、肩幅よりも腰幅のほうが広いこと。A型のシルエットは、エッフェル塔のイメージ。エレガントで堂々としていて、魅力的。

お勧めのブラ　上半身に視線を集めて、プロポーションのバランスをとるために、お勧めのブラは、パッド入りで肩ひもがカップのサイドについたタイプ。このタイプなら、バストに高さとボリュームが出ます。バルコネット、モールドカップ、ハーフカップ、バンドゥブラがいい。

アウターも、肩のラインを強調する服や光るアクセサリーで上半身に視線を集めて。トップスやワンピースに、「ボートネック」や、オードリー・ヘップバーンが映画で着たドレスにちなんで「サブリナネックライン」と呼ばれる、さらに横に広く浅い襟ぐりや、「エンパイアウエスト」と呼ばれるバストのすぐ下にウエストの切り替えがあってバストを強調するデザインの服なんかもいいでしょう！

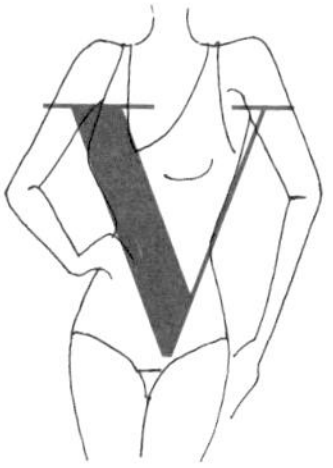

お勧めのパンティ　お勧めは、タンガ（フロントとバックがどちらもV字型にカットされ、サイドがひも状になっているタイプのショーツ）などのハイレグタイプで、スパンデックス入りの超軽量素材で、落ち着いた色のものを選びましょう。このタイプなら、ヒップがスリムに、脚が長く見えます。

装飾がフロントかバックについたものなら、ボリュームアップせずに、ヒップを引き立てます。

明るめの色の柔らかい素材のものを選べば、見た目もよくて動きやすいし、サイドにメッシュやレース生地が入ったものなら、目線をそちらにそらす効果もあり。

ワンサイズ大きなものを試してみるのもかえって細見えするかも、です。

「V」は「Va-Va-Voom（ア〜、ウ〜というHのときの声）」の「V」

V型　V型の特徴は、肩幅が腰幅より大きいこと。ゴージャスなバストラインと控えめなお尻が、優雅で、彫刻のように堂々としたシルエットを生み出しています。

お勧めのブラ　下半身に視線を集めて、プロポーションのバランスをとります。お勧めはモールドカップブラ。なめらかで自然なバストラインが作れます。豊満なバストをさらに強調するようなタイプのものはNG。繊細な装飾をあしらった肩ひもにすれば、V型のラインを和らげることができます。

ホルターネック（胸から続いた布地やひも、ストラップを首の後ろに回して固定するデザイン）の服は、いかり肩をきゃしゃに見せる効果があります。ただしその場合、ブラは肩ひもの位置を変えられるタイプのものが必要。

お勧めのパンティ　股上の浅いボクサーショーツやスカラップレースで縁取ったパンティがヒップを引き立てます。大胆な色や柄のものなら、目線を集め、全体的なバランスがよくなるでしょう。

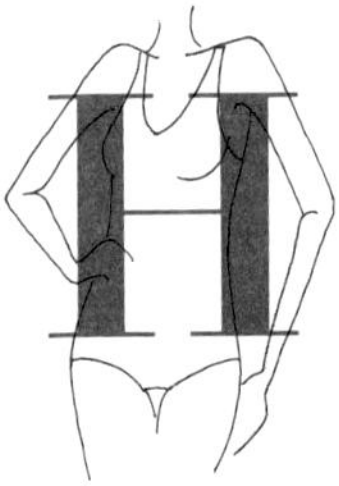

「H」は「Harmony（ハーモニー）」の「H」

H型　肩幅と腰幅が同じぐらいのタイプ。ウエストのくびれは少ないですが、バストとヒップのバランスがとれた細長いシルエットを描きます。バストとヒップの両方を強調することで、曲線的な印象を生み出せます。

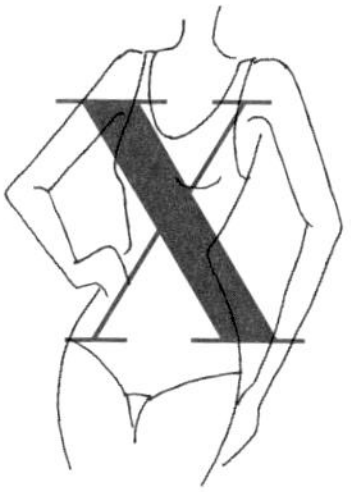

お勧めのブラ　フリルのついた、パッド入りプッシュアップブラがお勧めです。エアリーなクロップドキャミソール（丈の短いキャミソール）を重ねたら、バストとヒップ回りに柔らかさとゆるやかな曲線を生み出せます。

お勧めのパンティ　サイドに装飾のついたフレンチニッカー（日本での名称は「タップパンツ」。ルーズフィットですそ広がりの下着）で、ボリュームを出しましょう。フリルやギャザーのついた「ブリーフ」もふっくら見せる効果がありますし、ハイレグのパンティでもなだらかな丸みを演出できます。

「X」は「Xtraordinary（類いまれ）」の「X」

X型　X型の特徴は、肩幅と腰幅が同じぐらいで、ウエストのくびれがはっきりしていること。バランスのとれた曲線美の持ち主です。

お勧めのブラ　サポート力のある、仕立てのいいブラがお勧めです。フロントがV字のものを選びましょう。X型なら、コルセットやビスチェ、ピンナップガール風やレトロなファッションもばっちり決まります。

お勧めのパンティ　TバックやストレッチレースのボクサーショーツがX型のボディを引き立てますが、お腹を引っ込める必要があるなら、レトロなタイプのハイウエストパンティをお勧めします。

ルーズすぎる服は、せっかくの見事なプロポーションを隠し、ずん胴に見せてしまいますから、やめておきましょう。

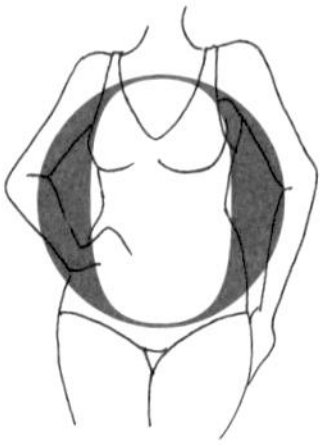

「O」は「Oh la la（「おーっ」「すごーい」という感嘆の声）」の「O」

O型　豊満なバストと丸い肩、お腹から腰にかけての丸みのあるラインがO型の特徴です。襟ぐりを大きくあけて、上半身に視線を集めましょう。O型の方には、ほっそりした脚の持ち主が多いようです。カラーのソックスやレギンスで脚に視線を集めましょう。

お勧めのブラ　しっかり支えて形を整えるフルカップブラがお勧めですが、バルコネットやハーフカップブラでも、きれいなバストラインを作れます。ミニマイザーブラ（大きなバストを小さく見せるブラ）にはご用心を。形を整えるどころか、平らで広がったバストにしてしまうことがよくあります。

お勧めのパンティ　ソフトなストレッチ素材のハイウエストパンティでヒップを引き締めましょう。フロントにパネルが入ったパンティも、お腹を支え、くびれを作るのに役立ちます。

すべてのシルエットの方へ

ブラとパンティをつけて、全身が映る鏡の前に立ってみましょう。そして自分の姿をしっかり見てみましょう。あなたのシルエットは「A」、「V」、「H」、「X」、「O」のどれですか?

ランジェリーだけじゃなく、アウターにも言えることですが、サイズが合っているからといって、ボティを引き立てるとは限りません。サイズだけではなく「形」にも注目。体型によって、似合う形は違ってきます。あなたのシルエットを引き立てる形、サイズのものを選びましょう。

Lesson 09.

［レッスン9］

欠点をカモフラージュする

フランスの女性たちは、欠点なんて気にしないで自信のある部分を強調する。

フランスの女性たちはみんな、本当にすてき！

でもじつは、彼女たちだって体型のことを意識しています。わたしたちと同じ。ただし、**フランスの女性たちは、自分にないものについてはくよくよしないで、自分にあるものを楽しもうという考え方なんです。**

自分の体の魅力的な部分は軽視し、欠点の補正に必死のアメリカ女性

アメリカの女性たちを連れて、パリのランジェリー・ツアーに出かけるとき、いつもわたしは最初にこう質問します。

「自分の体で、どこがいちばんお好きですか？」

子どもだったら、さらりと答えてくれそうな質問ですが、大人の女性となると、そうもいきません。みんな黙り込んでしまって……。

ようやく、だれかが重い口を開きます。

「そういえば、自分の脚をきれいだと思っていた時期があったわ」

別のだれかが続きます。

「手がきれいって、言われたことがあったわ」

「ウエストのくびれが好きだったけど、それは5キロ太る前の話」

どれも「いま」の話じゃありません。なんらかの条件つきです。

あなたが最後に自分をほめて（あるいはほめられて）、その後に「でも」をつけなかったのは、いつでしたか？

わたしも、子どものころは自分大好き人間でしたから、自分の姿がガラス窓やステンレスのトースターに映っていると、喜んで眺めたものでした。でも年齢が上がったある時点で、喜べなくなり、「美しさは内面にある」という説を全面的に支持するようになりました。そして次第に、自分の体の魅力的な部分は軽視して、欠点にばかりこだわるようになったのです。

たとえば、わたしはお尻が大きすぎると思っていたので、高校時代からずっとダボッとしたスウェットパンツで隠してきました。

わたしの体にだって魅力的なところはありましたから、そこに目を向けることもできたのに、お尻を隠すことしか頭になかった……。

「光」と「影」で、欠点はうまくカモフラージュし、魅力的な部分を強調するフランス女性

一方、フランスの女性たちは、魅力的な部分を強調します。ダボッとした服で欠点を隠したりしません。欠点を過度に補正したり、ごまかしたりしなくても、うまくカモフラージュできる方法を心得ているのです。

何度目かのルーヴル美術館。わたしは1枚の絵に引き込まれました。胸もあらわに、片手にフランス国旗、もう一方の手に銃剣を持った女性の姿。そう、ドラクロワの「民衆を導く自由の女神」。

モデルの女性自体は、特別な美人ではないのに、なぜか、見る人の心をかき立てる。服がずり落ち、あらわになった胸も美しい（彼女はブラをつけて

いませんが、無理もありませんね。ブラが発明されたのは、この絵が描かれた数十年後のことでしたから)。

でも、もしあなたが彼女をじっくりチェックしたら、彼女は足首が太く、筋肉質の首筋もそれほど魅力的ではないことに気づくはず。おまけに、死体がごろごろ転がっている通りを歩いている。それでも彼女は驚くほど力強く、自信にあふれています。

ドラクロワはこれをどうやって描いたのかしら……。わたしは目を細めて絵を見てみました。線はかすみ、細部がぼやけます。

再び目を見開いたとき、斜めから照明を当てた構図にしたことで、絵に効果的な明暗を生んでいることに気づきました。「光」と「影」がこれほど見事な効果を生むのをはじめて見ました。

そうか！　絶妙な角度から、女性の胸に弱い光を当てることで、太い足首や転がる死体から注意をそらしていたんだ！

これだ！

こうしてわたしは、注意をそらす新しい方法に気づき、スウェットパンツと縁を切ることができました。

すなわち！
大事なのはバランス！　わたしたちの体には、欠点に隠れて見えていない長所があり、何かの拍子に表に出るのを待っている。その長所を「光」とし、欠点は「影」としてしまえばいいんだ！

さあ、楽しみましょう！

というわけで、**自分の体の気に入らない部分を隠すコツは、別の魅力的な部分を見せること。**その例をいくつかご紹介しましょう。

隠す　小さなバスト
見せる　上品な首と肩
ランジェリー　三角ブラやビスチェ、キャミソールで、肩のラインを見せて。背中のあいた服を着るなら、ストラップレスか、肩ひもにジュエリーに見えるビーズなど繊細な装飾のあるホルターネックのブラを探しましょう。

隠す　小さな腰回り

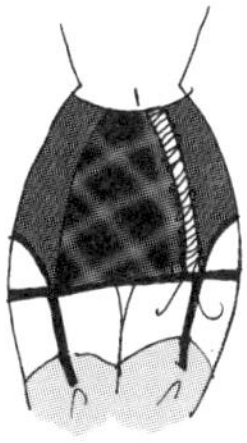

見せる　脚
ランジェリー　スリット入りのスリップやペチコートで、脚を見せましょう。レースつきとレースなし、どちらもＯＫですが、レースつきは誘惑する透け感を生み出します。

隠す　大きなバスト
見せる　センシュアルな谷間
ランジェリー　シーム入りブラで形を整え、すっきりしたバストラインを。レース生地と布地とで、質感と模様に変化をつけたブラがお勧め。

隠す　大きな腰回り
見せる　腰幅が大きければ、ウエストの細見えが期待できます。
ランジェリー　コルセット。といっても、１００年前の代物のことではありません！　ワスピー（ウエストを引き締めるための幅広のベルト。ストッキングを吊るすストラップがついたものもある）やビスチェをつけて、細いウエストを演出しましょう。暗めの色のバイアスカット（布地を斜めに裁断して衣服に仕立てていく方法）のスリップも、ウエストを強調し、ヒップ回りりに流れるような優雅なラインを作ります。

隠す　大きなお尻
見せる　背中の小ささ
ランジェリー　背中がレース生地で作られた、バイアスカットの肌着やスリップなら、背中が美しく見えますし、レース生地が「光」と「影」を生み出します。

パンティは、バックがレース生地になっているものやバックにカットアウト（布のくり抜き）のあるものがお勧め。お尻の割れ目に「影」ができて、魅惑的。縁がスカラップカットのストレッチレースのパンティもいいですね。

隠す　平らなお尻
見せる　脚
ランジェリー　Tバックで脚を長く見せましょう。太もも丈ストッキングが嫌いじゃないなら、ガーターベルトやガーターベルトつきフリルパンティで吊るして、脚に視線を集めましょう（だれの視線？）。

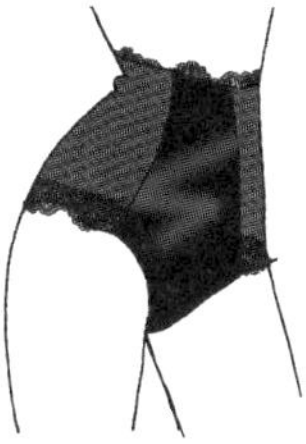

隠す　ぷっくりしたお腹
見せる　お尻の丸み
ランジェリー　夜は、背中にレースをV字型にはめ込んだバイアスカットのスリップでセンシュアルに。昼間は、レトロなハイウエストパンティがお勧め。伸縮性があって、あなたが隠したい部分に食い込まないものを。
　フロントに引き締め用のパネルが入り、サイドやバックに透ける素材を使ったパンティをつければ、お腹のふくらみを隠して、お尻の魅力的な「影」のほうに視線をそらすことができるでしょう。

パリのランジェリー・ツアーが終わったとき、もう一度質問します。

「自分の体で、どこがいちばん好きですか？」

するとは、今度は、大きな声の返事が次々に聞こえてきます。

「バストよ」

「脚ね」

「首と肩よ！」


さて、あなたは、自分の体で、どこがいちばん好きですか？

Lesson 10.

［レッスン10］

自分にぴったりのブラを見つける

服のサイズの数字で、自分の価値を測っていませんか？

「サイズ」の大小は、じつに長い間、わたしにとっての重要問題でした。人は何かにつけて大小をうんぬんするでしょう？　大きな夢、大きな志、小さな子猫、小さなウエスト……。

フランスに移住してからは、それがますます大きな問題になりました。だって、何もかもが小さい！！　ジーンズも、エスプレッソも、ビールのグラスも、アイスクリームのスコップも、マカロンも。小さくないのはヴェルサイユ宮殿ぐらい！！

大量生産の既製服の登場によって、「サイズ」が生まれ、女性たちは、「サイズ」で自分の価値を測るようになった

フランスでは、表現にまでレギュラーと「プチ」バージョンがあるんです。「少量」と「ごく少量」を意味する「un peu（= a little)」と「un petit peu（=

a small little)」、「瞬間」と「わずかな瞬間」を意味する「un moment（＝a moment)」と「un petit moment（＝a small moment)」……。

「petite」が「激しさ」を表現することもあります。たとえば「la petite mort(＝little death)」。言葉の意味は「小さな死」ですが、これは「死にそうなくらい激しいオーガズム（性的絶頂感）」を意味する慣用句。フランスでは、オーガズムでさえ「小さい」こと!?（＊訳注：フランス語で「小さい」を意味する形容詞は、男性名詞に着ける場合は「petit」、女性名詞につける場合は、「petite」になる）

一方、「プチ」が逆の意味で使われることもあります。たとえば、「あなたは『petit accent』ですね」と言われたら、「フランス語の発音がまったくなっていない」という意味（たしかに、あの耳触りな「r」の音を発することができなかったあいだは、陶器店に迷い込んで暴れる牛のごとく、あらゆる人、あらゆるものと衝突したものでした）。

というわけで、わたしはじつにさまざまな場面で、自分を「大きすぎる部外者」のように感じていました。

でも「サイズ」は、オートクチュールの服には存在しません。なんてったって、オーダーメイドですからね！　「体に合わせてデザインされた服が、いちばんいい服」というのがオートクチュールの考え方なのです。

産業革命以前は、服はオーダーメイドで作られていました。ですが、お針子を雇ったり、生地を入手したりできるのは上流階級だけ。その後、服を大量生産するようになって、いわゆる既製服が生まれたときに、できるだけ多くの人をカバーできるような形で、P、XS、S、M、Lとか、36、38、40、42など（日本なら9号・11号など）といった「標準サイズ」が決められました。

そうして、わたしたちは、自分の体に合うように服を太いものにするのではなく、服に合うように自分の体を細くするようになりました。

そして、女性たちは、服のタグの数字で、自分の価値を測るようになりましたが、自分のサイズに満足することはめったにありません。

自分に合ったブラを選ぶための7つのステップ、名づけて「ブラボー・ステップ」

世の女性の80%は、自分のブラのサイズがわかっていないと言われます。この数字がどこから出てきたのかだれも知りませんが、あまりにもしょっちゅう語られるので、いつのまにか定説になっています。

そう言われると、ブラの正しいサイズを知るのは、途方もなくむずかしいことみたい！

でも、ご安心を。ブラのサイズがわかりにくいのは、ひとつには、レッスン5で説明したように、ブランドによってサイズの基準が違うから。

だったら、いっそ、サイズのことは忘れて、オートクチュールの考え方を採用すればいいんです。ブラをつけたときに、ブラがどんなふうに見え、自分がどう感じればいいかがわかっていればOK！　サイズになんか頼らなくても、自分に合ったブラを選べるようになります（断言！）。

まずは、あなたがいまつけているブラからチェックしてみましょう。

これは自宅で行ったほうが無難。ブラとパンティ姿になって、全身が映る鏡の前に立つ必要がありますので（次には、ブラをいったん外していただきますし）。そうしないと、あなたの体が全体としてどんなふうに見えるか、それを見て、自分で自分をどう感じるかは、わかりませんからね。

まずは鏡に向かってにっこり微笑んで！　だれかが見ていたらアヤシイ人だけれど、だれも見ていなければだいじょうぶ。笑顔はすべてをよく見せます。

では、ブラを取ってください。

これから、ブラがあなたにぴったり合っているかどうかを判断する、手っ取り早い方法をご紹介しながら、つけていきます。

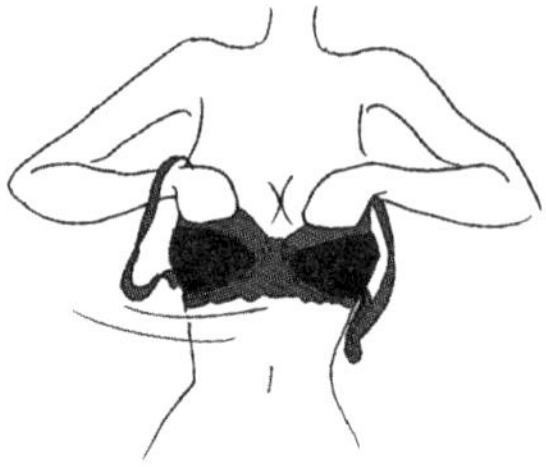

1 「正しいつけ方」でブラをつける

ブラの肩ひもに腕を通し、前かがみになって、バストをカップの中に自然におさめます。それからホックを留めましょう。

あなたのブラが新しいものなら、いちばん端のゆるい位置のホックを使うこと。生地はそのうち伸びてきますから、きつくできる余地が必要です。しばらく使っているブラなら、真ん中か、いちばんきつく留まるところで留めます。

2

カップ回りをチェックする

ところで、正直に告白すると、わたしはホックを背中で留められません。もしあなたもわたしのお仲間なら、まず前で留めてから後ろに回し、それから肩ひもを肩にかけ、体をもぞもぞ動かして、バストをカップに完全におさめましょう。

ブラをつけたら、すっと立ちます。背筋を伸ばして（お母さまによくこう言われませんでした？）、両肩を後ろにそらします。

こんなふうに、身につけるプロセスを少しペースダウンすることで、日ごろは大急ぎで行っている作業に、注意を注ぐことができるでしょう？　たいていの物事は、十分に注意を注いだときのほうが、うまくいくものです。

いまのあなたは、すでに、いつもとは違ったまなざし、いつもよりやさしい目で、自分を眺めているのではありませんか？

さて、カップのチェックです。カップの上や脇からお肉がはみ出していませんか？　もうしそうなら、そのブラは小さすぎる可能性大。次にランジェリーを買うときは、カップサイズが大きいブラを試してみてください。

はみ出しの問題がないのに、鏡に映った姿に違和感を覚えるとしたら、ブラの種類があなたに合っていないのかも。もしあなたが豊満なバストに、バルコネットやハーフカップをつけているなら、今度はフルカップブラを。

逆に、しわが寄ったカップの中でバストが浮いていたら、ベルトサイズ（アンダーバストサイズ）が大きすぎる可能性大。結構そういう人が多いんです。それでもまだしわが寄るなら、カップサイズの小さいものを。それでも違和感が残るなら、ハーフカップやバルコネットなど、違った種類のブラを。

バストがカップに完全におさまっていたら、カップサイズは合っています。今度は、ワイヤーのチェックです。横向きになって、腰に手を当ててみて。バストのサイドのカーブに沿って、かすかな影ができる部分がありますね。その部分がアンダーワイヤーやカップの縁で圧迫されていませんか。

次にもう一度、前を向いて。センターゴアが、胸骨にぴったり接しているか確かめましょう。

最後に、ブラが乳首を正しい位置で支えているかチェックします。両腕をだらりと下げて、肩と肘の真ん中に乳首が位置していればＯＫです。

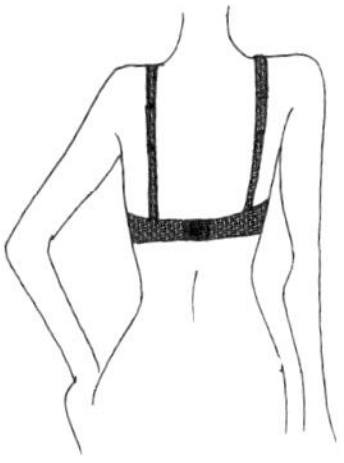

3 ベルトをチェックする

次に、ベルトが水平に通っているかチェックします。

ベルトは、背中の真ん中あたりに位置していますか？

両肩を結んだラインを上辺にして、背中に正三角形を描いたときに、ベルト上に三角形の頂点がくるのが理想的。自分でチェックするのがむずかしかったら、ご主人か娘さん、その他女性の家族に頼んでみてはどうでしょう。

ついでに、ベルトのきつさのチェックも頼んでしまいます。ベルトの下に指を２本差し込んで、引っ張ってもらって、２センチ以上引っ張れるなら、そのベルトはゆるすぎます。

ベルトのきつさは、ぴっちりしていながらも、息苦しくない、というのが適正。あなたのバストの重みを支え、分散させながら、しっかり持ち上げているのはベルトなのだということをお忘れなく！

4 肩ひもをチェックする

肩ひもは、ブラの構造上では、もっとも重要度が低いです（ストラップレスのブラもあるくらいですから！）とはいえ、肩にぴったり接しているかのチェックは必要。肩に食い込んでいたら、アジャスターで長くしましょう。それでもまだ、肌に跡が残るようなら、ブラが合っていないのかも。ベルトサイズ（アンダーバストサイズ）の大きなものを試してください。

逆に、肩ひもが落ちてくるなら、アジャスターで短くし、それでも落ちてきたら、ベルトサイズ（アンダーバストサイズ）の小さいものを。

肩ひもに不快感がなく、ずり落ちてこなかったら、その肩ひもはあなたに合っています。なで肩など肩ひもがずれやすい体型なら、肩ひもが肩から背中の中央に向かっているレーサーバックタイプのブラを試してみましょう。

5

アンダーワイヤーをチェックする

あなたのブラがアンダーワイヤー入りなら、ワイヤーが胸郭にぴったり接しているか、あなたの脇の下と合っているかチェックしましょう、ワイヤーの硬さにも注意して。硬すぎると、つけているうちにだんだん痛くなります。

6

動いたときのフィット感をチェックする

ロックコンサートの観客になったつもりで、両腕を頭上に掲げて、イエーイ！　そして、観客の先頭、真ん中にいるつもりで、踊ってみましょう。身体をゆらしても、ブラがずれなかったら、ＯＫです。

7

自分の姿をチェックする

鏡に映った姿を、頭からつま先まで、もう一度眺めます。体をちょっと右に向けたり、左に向けたりして。にっこりして。とってもすてき！

こんなふうに、お手持ちのすべてのブラをチェックして、お気に入りのブラだけで引き出しをいっぱいにしましょう。必ず自分に自信が持てます。

Lesson 11.

［レッスン11］

パンティのすべて

「おそろいにすべきか、そろえないべきか」フランス女性に、ブラとパンティのセットは欠かせない。

アメリカでは、パンティはあまり尊重されていません。英語では、「get your panties in a twist（ささいなことにイライラする）」といった表現に「panty」という言葉が使われていますし、子どもたちは、だれかのパンツが丸見えのとき、「I see London, I see France, I see (○○'s) underpants.（ロンドン見えた、フランス見えた、○○のパンツ見ーえた）」とはやしたてます。

また、後ろめたい隠し事や恥ずかしい秘密がバレることを「get caught with one's pants down（パンツを下げたところを見られる）」などと言ったりします。

フランスでは、パンティはもっと尊重されていますが、そのせいで、別の意味で気になります。身につけているパンティ次第で、非難の目で見られることもあるのです。

パリに移住したばかりのころのこと。はじめて産婦人科に行くことになったとき、パリで新しくできた友人が、わたしが身につけるべきパンティについて真顔でアドバイスしてくれました。

訪れた産婦人科は、パリ15区の中心街にありました。ルイ16世様式のデスクに構えたドクターを前に、友人が「適切なパンティをつけて行って」と忠告した理由がようやくわかって、すっかりうろたえました。本物のペルシャじゅうたんが敷いてあるステキな診察エリアには、更衣室がなかったのです。体を覆う診察用ガウンさえありませんでした……。

長いノーパンの歴史と短いパンティの歴史

驚いたことに、パンティがこれほど気になるアイテムになってから、まだ数十年しか経っていません。パンティの歴史は意外に浅く、何世紀ものあいだ、女性たちは、デートの夜だけでなく、毎日ノーパンで過ごしていました。

そもそもパンティがなかったのです。なにしろ女性たちは、スカートをふくらませるためのフープやペチコートを重ね着していて、中世には、それらを着用したまま、繁みなどで用を足していたのですから（当時は、トイレも配管設備もまだありませんでした）。

フランス王妃カトリーヌ・ド・メディシスは、パンティがないという状況を打開しようと、裾広がりの半ズボン型の下着（「culottes(キュロッツ)」と呼ばれた）を着用しました。乗馬好きだった彼女は、馬を走らせているときにすべてが見えてしまうのを防ごうとしたのです。これは宮廷の女性たちのあいだでも広まりましたが、時代はまだ16世紀。パンティがエチケットとして定着するにはいたらず、その後、再びノーパンの時代が続くことになりました。

18世紀に入ると、「culottes」という言葉は、貴族の男性が着用した、裾を狭めた半ズボンを指すようになります。その一方で、不公平な身分制度に不満を抱く労働階級の革命派は、自分たちを「sans-culottes《サンキュロッツ》（sans＝without 半ズボンをはかない人々）」と呼び、長いズボンをはくようになりました。

１９世紀初頭、女性たちが、裾広がりの長ズボン型の下着を着用するようになった時期がありました。ただしそれはクロッチ（股間）部分が割れたものので、幸運にもチラッと見ることができた男たちを大いに喜ばせたとか。幸い、１９世紀が幕を閉じたころには、クロッチも閉じられましたが。

ようやくパンティ誕生！

現在わたしたちが知っているようなパンティが生まれたのは、１９１８年、フランスの代表的ブランド「プチバトー」がその製造を開始したとき。もともとは子ども用でしたが、女性たちにも好評を博し、その後２０年にわたって、さまざまな色、サイズのブリーフを製造することになったのです。

また、いまでは、（フランスでは）ブラとパンティをそろえて身につけるのが定石で、店でも並べて売られていますが、ブラとパンティがセットで作られるようになったのは、１９６０年代に入ってからのこと。

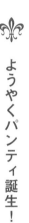

北米では、いまだに別々に売られているのが一般的で、ブラは小さなハンガーに掛けて、ブラ用のコーナーに、パンティは、別の場所に平積みに。

ではそうした状況で、ブラとパンティに統一感があるかどうか判断するには、どうしたらいいでしょう？

ブラとパンティのコーディネートのルールを知る

わたしがフランスに来て覚えたもっとも大事な言葉は、「dépareillé《デパレイエ》」です。意味は「ミスマッチ、不ぞろい、ちぐはぐ」。タイプの異なるブラとパンティをつけているときなどに使われる言葉です。

わたしは、この言葉を知るまで、ブラとパンティの関係なんて考えたこともありませんでした。でも、フランスの女性たちには、そろいのセットが欠かせません。そろいのセットを身につければ、統一されたデザインが調和をもたらし、**ひとつの芸術的な絵を完成させる**と考えているのです。

彼女たちにとって、「そろえる」というのはひとつのルールですが、だからといって破ってはいけないわけではなく、何らかの意図や自分のスタイルにもとづいているなら、破ってもかまいません。

「dépareillé」というのは、衣類のコーディネートに限った見方ではなく、ひとつの考え方であり、ひとつの哲学、生き方でもあるのです。

つまり、「そろえるか、そろえないか」の2つの選択肢があるということです。ただし、「生きるべきか、死ぬべきか」のハムレットと違うのは、ブラとパンティを「そろえるか、そろえないか」の選択は、どちらもあり、ということ。

以前にお隣さんがこう説明してくれました。「ケイト、世の中には、自分に正直な選択だけど、ルールには反するってこともあるのよ」

自分の意図やスタイルにもとづいて「dépareillé」を選ぶのなら、そろえなくてもかまわないということです。

あなたが「そろえる」のがお好きなら、ブラを1つ買うたびに、パンティを2枚買う習慣を身につけましょう。2枚を違う種類のパンティにすれば、1つのブラに対して着られる服が、増えることになります。

あなたがきっちりそろえるのを好まず、「dépareillé」という考え方が気に入ったなら、素晴らしいことです！　あなたのスタイルにもとづいて、ミスマッチさせましょう。

もしあなたが「自分のスタイルなんてとくにない」、「何でもあり」、「自由気ままが好き」というタイプでも、ご心配なく。デザインの異なるブラとパンティを組み合わせたい方へのアドバイスを用意しました。

1

生地が同じものを組み合わせる

綿やジャージ、シルクなど、一般的な生地を選び、その生地のブラとパンティを組み合わせましょう。

2

同系色を組み合わせる

一連の同系色を、フランス語で「camaïeu《カマイユ》」と言います。組み合わせや配色を考えるのに、同系色というのは、失敗がなく、便利です。

3

反対色を組み合わせる

あなたが配色の基本を知らなくても、自分で選んだ組み合わせを気に入ったなら、それでOK！　もし、もっとシンプルでシックな組み合わせにしておきたいなら、モダンに見える「白黒」はいかが？

4 お堅い感じの無地のブラに、大胆柄のパンティを組み合わせる

元気を出したいときに。たとえば、黒のブラにヒョウ柄のパンティ。

5 柄ものと柄ものを組み合わせる

ちょっと上級ですが、手始めに、水玉模様とストライプ、横ストライプと縦ストライプ、花柄と抽象柄などはいかが？

大事なのは、手持ちのものを手当たり次第に身につけるのではなく、身につけたいと思うものを身につけること。**どのランジェリーを身につけるかを考えることで、自分の体に親しみを覚えますし、その感覚が一日中続くことになります。**

もう迷わない！　パンティのすべて

では、一般的なパンティの種類をイラストつきでご紹介しましょう。ちょっ

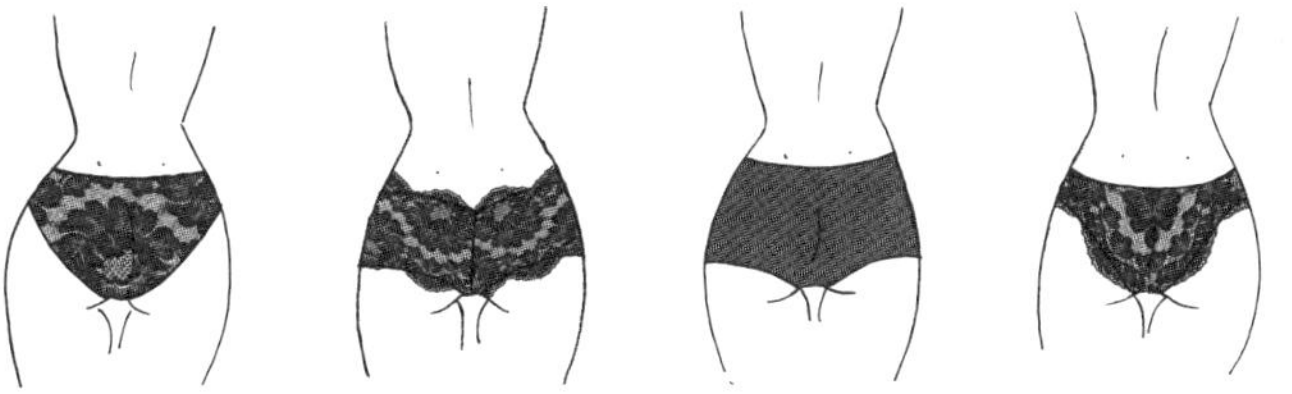

と時間を作って、それぞれのパンティ（とそれに合うブラ）をつけて、どんな効果があるか、どんな感じがするかをチェックしてみましょう。

ビキニ　水着と同じで、股上が浅く、ハイレグカットのパンティ。

ボクサー　お腹とお尻をぐるりと覆う、はきやすいタイプのショーツ。股上が深いので、スポーツ用としても人気があります。

ボーイショーツ　ボクサーよりも股上が浅く、お尻の丸みがかろうじて隠れるタイプ。フランスでは「ショーティ」と呼ばれています。ローライズ（股上の浅い）のジーンズやスカートに適しています。

クラシックタイプ　フランス語では「culotte《キュロット》（＝パンティ）」や「slip《スリップ》（＝パンツ）」、英語では「panty」や「brief」と呼ばれる、ヒップ全体を覆うタイプ（＊訳注：欧米では女性用のパンティも「ブリーフ」と呼ばれている）。股上が深いものと浅いものがあり、たいていは透けない生地で作られています。

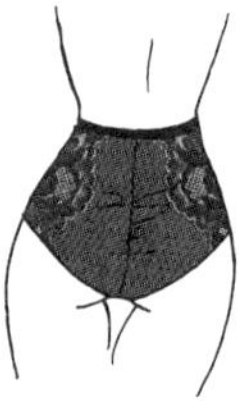

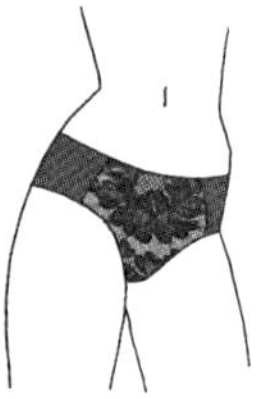

ハイライズタイプ　股上が深く、ヒップ全体を覆うタイプ。かつては「おばさんパンツ」などと言われましたが、ボディラインを整える「シェイプウェア（補正下着）」が注目されるようになったことで、補正に適したハイライズタイプが人気を取り戻し、メーカーがモダンな形、高級な生地のものを作るようになりました。

ヒップスター（ローライズタイプ）　ビキニとボーイショーツの間をとったような形のショーツです。股上の浅いピップハンガータイプで、脚ぐりのカットは通常のパンティほど深くありません。

イタリアン・パンティ　ヒップ全体を覆う、高級感のあるパンティ。たいていはフロントにレース生地やエンブロイダリー、バックにメッシュ生地が使われていて、透け感があって魅惑的。

ソング　フランスでは「ストリング」と呼ばれていますが、もっと正確に表

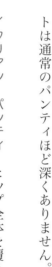

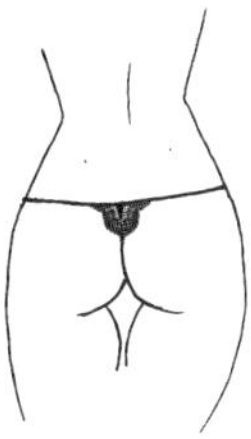

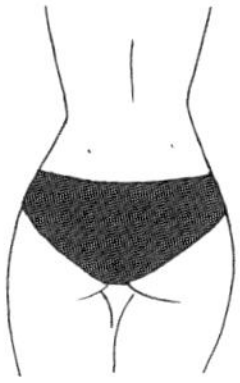

現するなら、「2枚のごく小さな布が、1本のストリング（ひも）でつながったもの」といったところでしょうか。フランスでは「cache《キャシュ》-sex《セックス》（＝性器カバー）」とも呼ばれていますが、それは、ヒップをむき出しにするのに、その部分だけは覆うからです。「ミニソング」と呼ばれるタイプは、ほとんどどこも覆いません。

タンガ　ソングと形が似ていますが、タンガのほうが、生地の面積がフロント、バック、サイドともに大きいです。面積がある分、装飾も多く、レースや光る素材がはめ込まれたものが多いです。

シームレスタイプ　縫い目のないものは、前述のどのタイプでも作られています。なめらかな素材が、レーザーカットなどの先端技術で加工されているので、アウターに響きません。

パンティを作っちゃおう！

パンティを作ったら楽しいのではないかと思い、この本のイラストも描いてもらっている新鋭のランジェリーデザイナー、パロマ・カシールに、ごく簡単に作れる方法を教えてもらいました。その方法で作るパンティを「パロマ・パンティ」と命名！　いかがですか？　わたしが作れたのですから、あなたにだって作れますとも。

［**用具と材料**］

・ミシン　・まち針　・はさみ　・ミシン糸（生地と同じ色、ストレッチ）
・90センチ幅以上のストレッチレース生地かチュール生地を50センチ
・綿ジャージ生地を20×20センチ（股部分の裏当て用。Tシャツを代用してもOK）
・ゴム幅7ミリの縁飾りつき平ゴム（ピコットレースゴム、フリルゴムなどを1メートル）
・7ミリ幅のストレッチレーストリムを1メートル
・型紙（サイズガイダンスに従って、拡大コピーしてください）

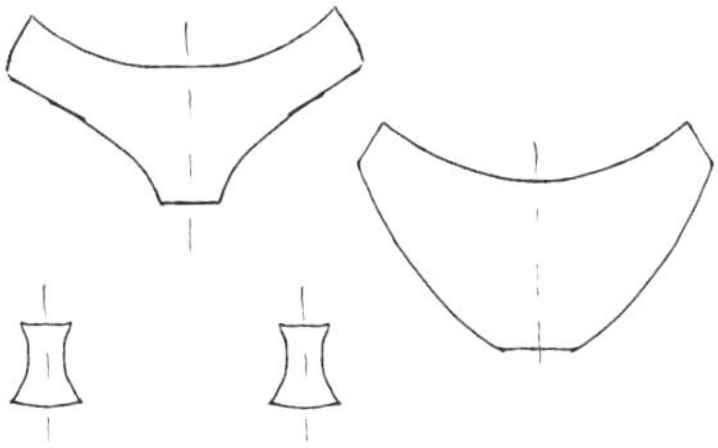

［作り方］

1　生地を裁つ

生地を二つ折りにし、型紙を折り目に合わせて置き、まち針で留めます。生地が上下、左右に伸びないようにしながら、裁ちましょう。フロントとバックの布が1枚ずつ、股部分の布が2枚とれることになります。股部分の2枚のうち、1枚は裏当てに使います。

2　布を縫い合わせる

テーブルの上に、クロッチ（股部分）の布1枚を、表を上にして置きます。その上にバックの布を表を上にして、端をそろえて重ねます。その上にクロッチのもう1枚を、表を下にして重ねます。3枚の布の端をそろえて、まち針で留め、3枚の布をジグザグステッチで縫い合わせます。

バックの布を、クロッチの布2枚の間で、丸めるようにたたみ込み、フロントの布を表を上にし、クロッチの布2枚の間に、端をそろえて挟み込みます。まち針で留め、3枚の布を縫い合わせます。

股部分の裏表をひっくり返しましょう。縫い目が見えません！
フロントとバックの脇を縫い合わせます。

3 ウエストにゴムを縫いつける

パンティの布（あるいは型紙）のウエスト回りを測りましょう。その長さの2割を引いた長さに、ゴムをカットします。

ゴムを半分に折り、中央にまち針をつけます。フロントとバックの布の中央に、印をつけておきましょう。

パンティの布の裏側にゴムを置き、ゴムの中央を布の中央にまち針で留めておきます。ジグザグステッチで、ゴムのできるだけ飾りに近い部分を縫いつけます。ゴムを少し伸ばした状態で縫いつけましょう。

そのまま縫い進めて、ウエスト全体を仕上げます。

ゴムの代わりに、幅の広いストレッチレースを縫いつけてもいいでしょう。

4 脚ぐりにストレッチレース・トリムを縫いつける

ウエストにゴムをつけたときと同じやり方で、脚ぐりにストレッチレース・トリムを縫いつけます。

脚ぐりの長さの2割を引いた長さに、レーストリムをカットします。まち針で、トリムの両端を、脚の内側となる箇所に留め、トリムの中央を、脚ぐりの中央に留めます。ジグザグステッチで縫いつけましょう。
同様に、もう一方の脚ぐりにも縫いつけます。

5 飾りをつける!

小さなチョウ結びのリボンやレースのモチーフなどを見つけて、ウエストの中央に縫いつけましょう。

これで、でき上がり! 簡単でしょう? これであなたは、1週間分のパンティだって作れますとも!

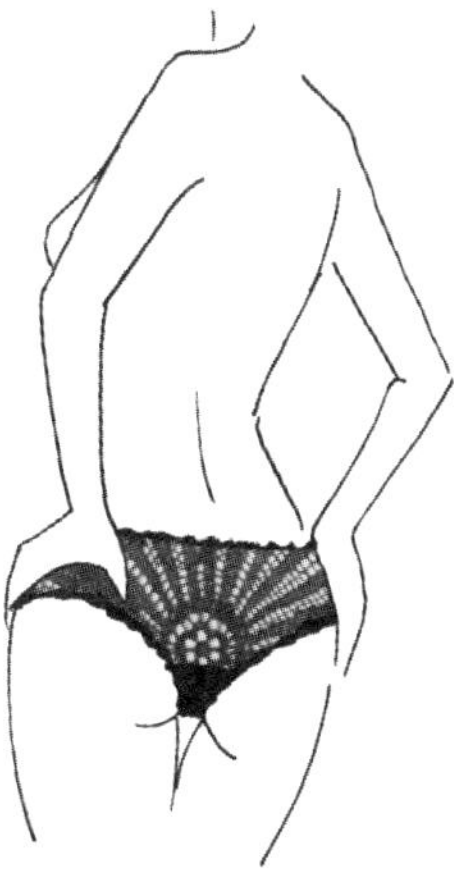

パロマ・パンティの型紙

1.75 倍に拡大する

＊生地（おもに伸縮性の度合）や体型によって、拡大率は、1.7 ～ 1.8 倍で、適宜調整してみてください。

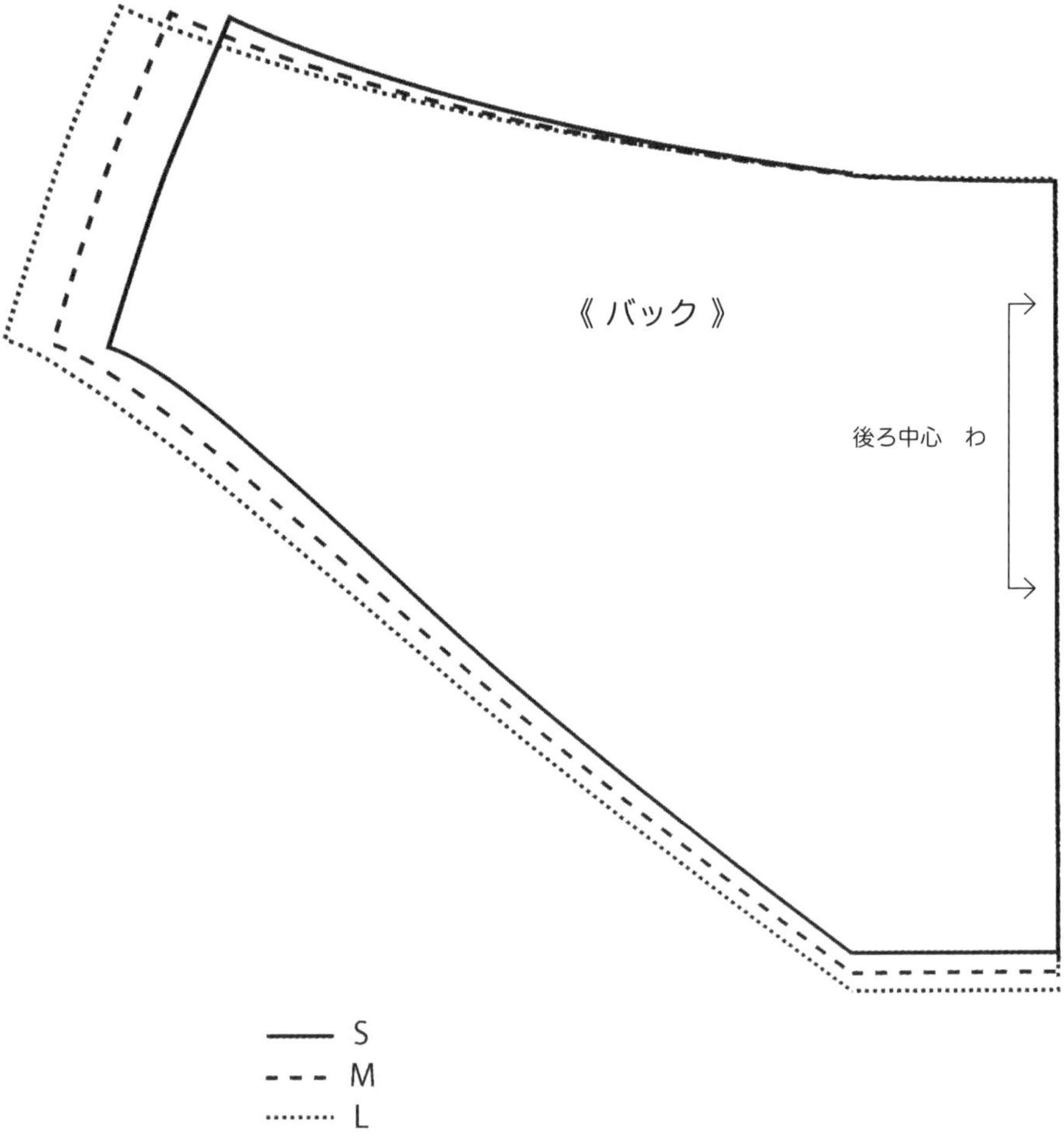

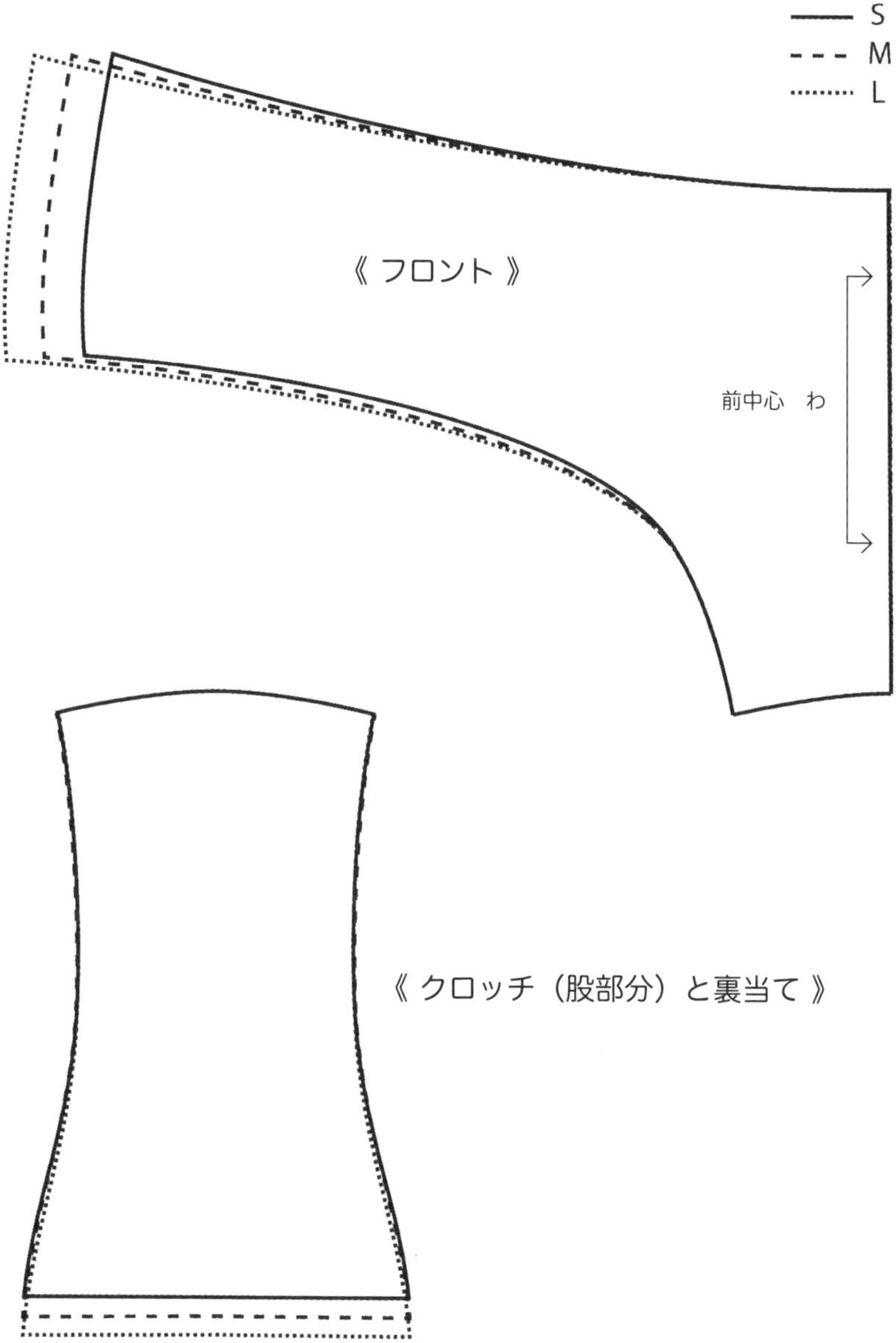
S
M
L
《 フロント 》
前中心　わ
《 クロッチ（股部分）と裏当て 》

Lesson 12.

［レッスン12］

ガーターベルト＆ストッキングに挑戦

ガーターベルトと太もも丈ストッキングはマストアイテム。

カナダに住んでいたころのわたしは、ガーターベルトと太もも丈のストッキングにはまったく無縁でした。カナダの冬はとても寒いし、夏は、ショート丈のスパッツとレーサーバックのタンクトップで過ごしていましたから。そういう下着がなぜ存在するのか理解できませんでした。自分には一生必要ないと思っていました。

でも、フランスに移住して、ガーターベルトとストッキングについての考え方が180度変わりました。

ガーターベルトとストッキングは、フランス流愛の証!?

ある日のこと、夫とわたしはフランスでの新しい友人ピエールとアルメルといっしょに、パリの有名なキャバレー「ムーランルージュ」に入りました。

ステージでは、女性ダンサーたちがスカートをまくり上げ、一斉に脚を高く持ち上げて、フレンチカンカンを踊っています。彼女たちは太もも丈のストッキングを、ストラップで吊るして着用していました。

「ブラボー、ベル・エポック！」

ピエールが、シャンパンをわたしたちのグラスに注ぎ足しながら、興奮気味に叫びました。

「素晴らしい」

ステージが終わると、夫がトロンとした目で称えました。

わたしはピエールと夫を代わるがわる見ながら、言いました。

「すてきな衣装ね。でも、彼女たちをうらやましいとは思わないな。だって毎晩、腰にあんなコルセットをつけたり、あんなストッキングをはかなきゃいけないんでしょ。めんどくさいわ！」

このときでした、アルメルが衝撃的な事実を教えてくれたのは……。彼女はわたしに顔を近づけて、こうささやいたのです。

「パリでは、夫や恋人を心から愛している女性は、みんなあんなストッキングをはいているのよ」

ガーン！

以来、ガーターベルトとストッキングを気にかけるようにしてみると――なんと、それを身につけているのがちらりと見える女性たちを街のいたるところで見かけました。夜の集まりの席でも、カフェやジムでも、街の通りでも……。もちろん、パリにたくさんあるランジェリーブティックのショーウィンドウにも並んでいました。

「夫や恋人を心から愛している女性」がたくさんいたのです。

わたしは思いました。わたしだって、夫を心から愛している。そのことをフランス流に証明しよう……。

悪戦苦闘のガーターベルト初体験記

こうして、以前は「めんどくさい」と却下していたものに積極的に関心を持つようになったわたしは、友人たちが博士号を取るための勉強をしたり、リーダーシップのセミナーに参加したり、フォトショップの使い方を学んだりしていたころ、せっせとガーターベルトについてのワークショップに参加するようになりました。

フランスのストッキングメーカー「セルヴァン」が、そういうワークショップを開いていたのです。土曜の午後、セルヴァンの地下ショールームに行くと、そこは、秘めやかな下着のワークショップ会場に早変わり。その日の講師ジュリア・パロンブ（歌手、モデル、ダンサー）が、黒のビスチェにレトロなパンティ、黒のガーターベルトに真っ赤なストッキングという下着姿で、わたしたち参加者を迎えてくれました。

ワークショップは、シャンパンを1杯飲むことから始まりました。こういうところは、いかにもパリのワークショップという感じ。それから自己紹介。わたしのほかに参加者は3人。3人とも、初心者向けのワークショップには参加する必要がないように見えました。

そのうちの2人は20代半ばの双子の姉妹で、おそろいのタイトなペンシルスカートとストッキングで、雑誌から抜け出したようにファッショナブル。レトロファッションが大好きで、下着のワークショップなんておもしろそうだと思って参加したとか。

もうひとりの参加者は撮影が目的の女性カメラマン。水色のフレアースカートとグランジファッション風の黒の穴あきタイツを身につけ、スカートからガーターベルトのストラップが透けて見えました。

ちなみに、わたしの服装はジーンズにソックスでした。


「わたしにとっては、ガーターベルトはブラより大事なの」

講師のジュリアが話し始めました。

「ガーターベルトをただのファッション小物とは思わないわ。それを使うのが、わたしのライフスタイルになってるの。すてきなブラをつけていると、いい気分になるけど、ガーターベルトをつけていると極上の気分になるのよ」

それを聞いてこう思いました。わたしが極上の気分になるのは、一日中スキーをして、そのあとにマッサージをしてもらうときだわ……。

ジュリアはガーターベルトの実物を両手で掲げました。

「こちらが前で、こちらが後ろよ」

そう言って、ガーターベルトの前後をひっくり返すと、ストラップがゆれて、留め具の金具がチャリンチャリンと音を立てました。

「理想を言えば、ストラップは6本あったほうがいいのよ」

「6本もですか」。わたしはメモノートから顔を上げ、たずねました。

「どうして4本じゃダメなんでしょう？」

「6本ならまんべんなく吊るせて、ストッキングが下がる部分がなくなるの」

ジュリアが答えました。

「心配しないで大丈夫。ストラップはあなたの体の動きに合わせて移動するの。ときどき、軽く引っ張られる感じがするけど、あなたが思い出すのにちょうどいい程度よ」

「え、何を思い出すんですか？」

ジュリアの目がキラッと光りました。

「ガーターベルトをつけていると、思いがけない喜びがたくさんあるのよ」

そのころには、ファッショナブルな双子姉妹は、女性カメラマンのために、表情を作ったり、ポーズをとったりしていたので、ジュリアとわたしはマンツーマン状態でした。

「あなた、試着してみない？」

ジュリアはそう言って、ガーターベルトをわたしに差し出しました。

「うーん……、じゃあつけてみます」

わたしはついたての奥に行って、ジーンズを脱ぎました。そしてブラをつけるときと同じように、ガーターベルトのホックをお腹の前で留め、後ろに回しました。

「次はストッキングよ」。ジュリアが声をかけました。

「その椅子に座ってはくといいわ。足がグラついていると、まっすぐにはけずに、バックシーム（後ろにある縦ラインの縫い目）がジグザグになっちゃうの」

ストッキングの足先は、つま先からかかとにかけて補強がしてあり、色が濃くなっていました。まずは、その補強部分にわたしのつま先とかかとを合わせ、それから、ストッキングを引き上げるために、上端をつかみました。

そのとたんにジュリアが、「あらら！」と驚きの声をあげました。そして、わたしの手をぎゅっと握って、「くつ下とは違うの」と、釘をさしました。

「両手でストッキング全体をたくし持ち、ゆっくりと引き上げていくの。指の腹の部分を使ってね。そうすれば、爪が生地に引っ掛からないから。バックシームを感じて、それを頼りに上げていくのよ」

言われたとおりにやろうと努力はしました。でもうまくできません。わたしは言い訳をし、しまいには悪態をつきました。自分があまりにも女らしくないように思えたので、B級映画の「男を誘惑する女」役をゲットする可能性より、ノーベル賞をとる可能性のほうが高いのではないかと考えたくらい。ストッキングを引き上げ、バックシームをまっすぐに直し終えたときには、額に玉のような汗が浮かんでいました。

ストッキングの上端を抑えながら、たずねました。

「次は、どうすればいいんでしょう？」

「留め具をつけるの。こんなふうに」

ジュリアは自分が使っている留め具のひとつをつまみ上げて、お手本を見せてくれました。

「留め具を開くには、人さし指と親指でこうやって挟んで、丸い突起部分を人さし指で上にスライドさせるの。ほら、開いたでしょ？」

彼女がお手本を示すのをしっかり見てはいたのです。わたしは視力には問題ありません。でも指先の器用さとなると話は別です。結局指先だけでは開くことができず、歯を使って、やっとのことで開くことができました。

「ちょっと練習すればだいじょうぶよ」

ジュリアはそう言って、わたしを元気づけてくれました。

「先に、後ろのストラップをストッキングに留めましょう。そのほうが楽よ。太ももの裏の中央より少し脇寄りにストラップが下がるようにするの。時計でいえば、右の太もものストラップが5時、左の太もものストラップが7時。そうすれば、座ったときに留め具が肌に食い込まないわ」

わたしは、留め具をつまんだ手を後ろに回して、5時のあたりに置いたつもりでしたが、どうやら3時のあたりだったようです。ジュリアがわたしの手を、そっと後ろにずらしてくれました。

「ウェルトに留め具をつけるのよ。ウェルトというのは、ストッキングの色の濃い部分のこと。上から1インチ（約2・5センチ）ぐらいのところね」

ついに、6つの留め具を全部つけることができました。これには、自分でも驚きです。

「上出来よ」。ジュリアもほめてくれました。

「じゃあ、脚の長さに合わせてストラップの長さを調節しましょう。座るときのために、少しゆとりを持たせてね。椅子に脚を乗せて調節するといいわ」

マレーネ・ディートリッヒのように椅子に脚を高々と乗せているうちに、いい気分になり、自信が湧いてきました。そして両脚のストラップの調節が完了しました。

「ほら、できました！」

わたしは誇らしげな声を上げました。ジュリアはわたしの全身をチェックし、横に置いてあるわたしの革靴を見て、顔をしかめました。

「ハイヒールが必要だわ。ちょっと、わたしのを履いてみて」

ジュリアの赤いエナメルのパンプスを履き、体を少し後ろにそらせてよろよろ歩いているうちに、うまくバランスがとれるようになりました。鏡に映った自分の姿を見て驚き、誇らしく思いました。

ところがこのとき、尿意が……。

最悪のタイミング。あのシャンパンのせいだわ……。

ジュリアが腰に巻くためのシルクの布を差し出し、トイレの場所を教えてくれました。わたしは大急ぎで個室に駆け込んだのですが、問題があることに気づきました。ショーツを下げることができないのです！

下げようとしても、ガーターベルトとストラップ、留め具が邪魔をして、ストッキングの高さまでしか下がりません。どうしたらいいかわからないのに、もうあまり我慢できそうにありません……！

最悪の事態を避けるために脚を組み、体をもぞもぞ動かしながら、急いで6つの留め具をはずしました。なんとか無事に用を足しましたが、3本の指の爪を傷つけ、ストッキングはくるぶしのあたりまで落ちてしまいました。それを一気に引き上げ、できるだけうまく留め具をつけ、ジュリアのところに飛んで帰りました。

彼女は、よじれたストッキングをひと目みるなり、わたしの両手を握り締めました。そしてにっこり笑って、こう言ったのです。

「ガーターベルトを一日中つけるときには、パンティの下につけてね。そのほうがずっと楽でしょ？」

「でも、どの写真でも、どの店のウィンドウでも、ガーターベルトがショーツの上になっていますよ！」

「そのほうが見栄えがいいからよ。でも一日中つけるとなると話は別。ただし男を誘惑するときには、ガーターベルトが上のほうがセクシーだから、奥の手としてありだわね。もちろん、別の選択肢もあるんだけど」

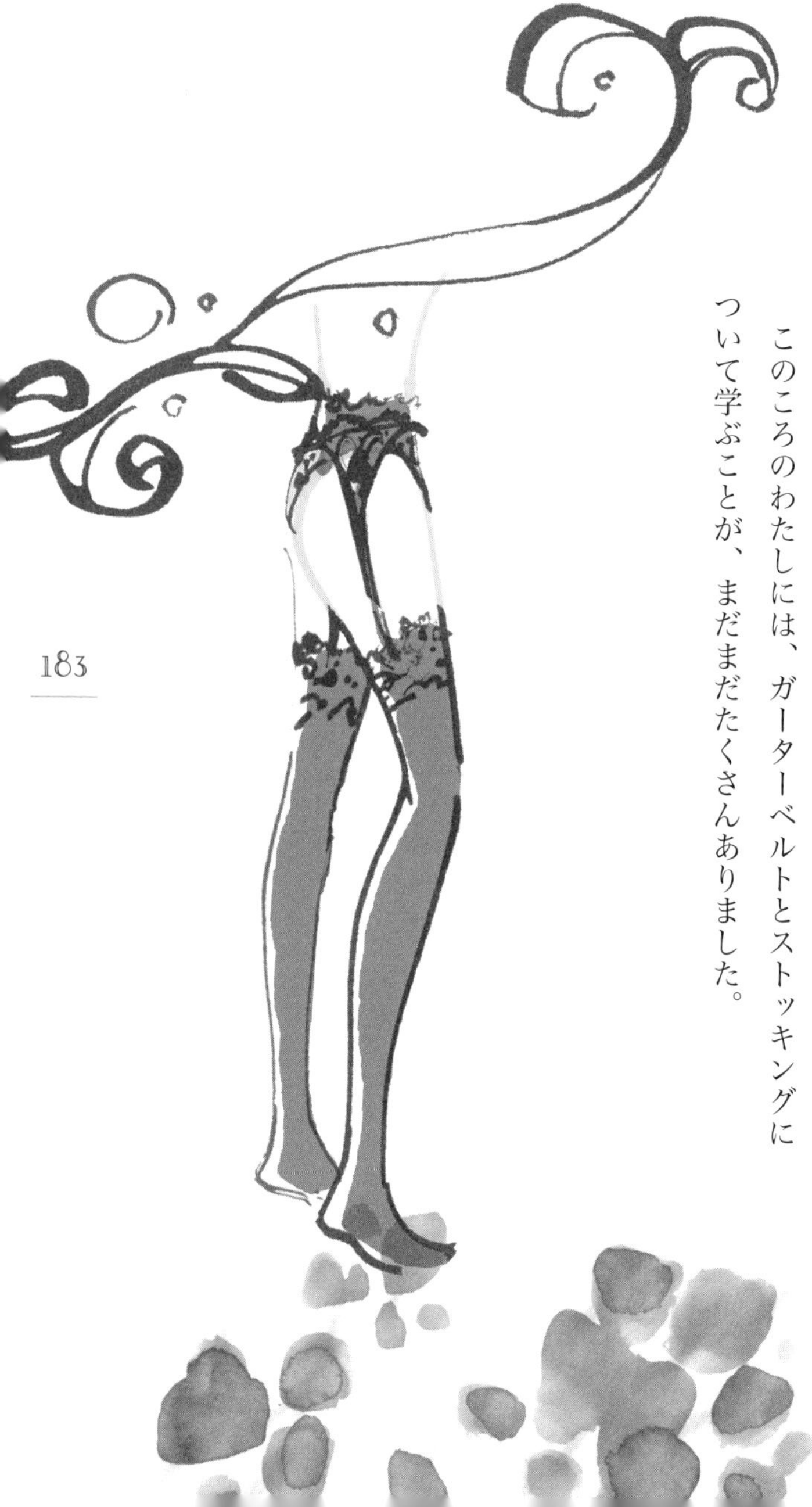

「どんな？」
「パンティをつけないの」

うわあ……。

このころのわたしには、ガーターベルトとストッキングについて学ぶことが、まだまだたくさんありました。

ガーターベルトを楽しむためのアドバイス

ガーターベルトとは？

女性用ランジェリーの中で、ガーターベルトはマストアイテムです。素材には、シルク、サテン地、レース生地などさまざまなものがありますが、できればストレッチの入った生地がいいでしょう。

ベルト部分にストラップがついていて、その先端に留め具がついていいます。ウエストに巻いて着用し、先端の留め具にストッキングを挟みます。多くの女性が、ストッキングが下がってきたり、たるんだりするのをストッキングのせいにしますが、サイズの合わないガーターベルトが原因であることのほうが多いのです。

ガーターベルトの選び方

腰にぴったりフィットするガーターベルトを探しましょう。ゆるすぎると、回転してしまいますし、きつすぎると、体が圧迫されます。ガーターベルトの何列かのホックのうち、いちばん外側のホックしか締まらないなら、そのガーターベルトは小さすぎます。

ストラップは6本のほうがストッキングをしっかり支え、ずり落ちを防げます。留め具は、金属製、プラスチック製、シリコン製がありますが、お勧めは金属製。プラスチック製は割れやすいですし、シリコン製はねじれたり、ストッキングを余分に挟んだりすることがよくあります。

ボディラインを整えるサポート力のあるものをお望みなら、フロントにパネルが入ったものや、ウエストニッパー型のものを。

ストッキングとは？

素材は、シルク100％、ナイロン100％、シルクやナイロンとポリウレタンとの混紡など。

ガーターベルトにつけるストッキングは、太もも丈のものです。このタイプのストッキングをはじめてつける方は、パンティストッキングとはまったく違うと感じるでしょう。股上の部分がついていませんから、銀行強盗のように頭にかぶることもできません。

このタイプのストッキングには、脚の形に作った2枚の布を縫い合わせるため、バックシーム（後ろに1本の線）ができるフルファッション・ストッキングのほか、ナイロン100％かナイロンとポリウレタンの混紡の糸を使って、円錐型編み機で筒型に作られためバックシームのないレギュラー・ストッキング、見た目だけフルファッション・ストッキングに似せた飾りとしてのラインを後ろにつけたモック・シーム・ストッキング、上端部分がシリコン素材になっていて、ガーターベルトを使わずに着用できるホールドアップ（ステイアップ）・ストッキングがあります。

このうち、最後のホールドアップ・ストッキングは手軽なので人気ですが、太もものサイズによって、締めつけが強すぎたり、足りなくてずり落ちてきたりするので注意が必要です。いずれにしろ、洗濯を重ねるうちに粘着力が弱まるため、ガーターベルトが必要になってきます。

デニールとは？

糸の太さを表す単位で、9000メートルで1グラムの糸の太さが1デニールです。糸が軽いほど、デニール数が小さくなり、透け感が増します。反対に、デニール数が大きいほど、糸が太く、透けなくなります。透け感があるストッキングは、15〜20デニールのもので、脚を美しく、スリムに見せる効果があります。

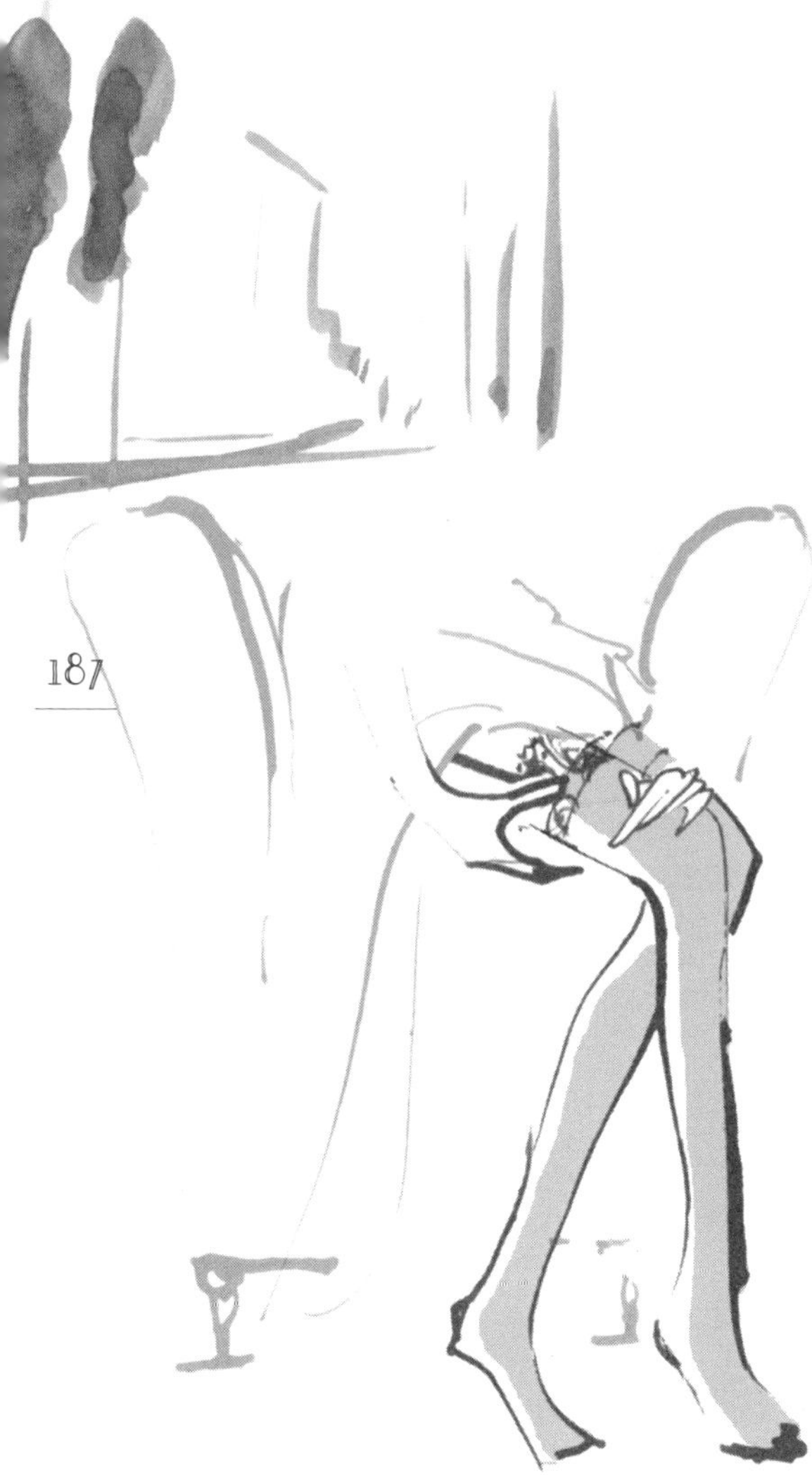

ストッキングの選び方

春夏用には、もっとも薄く透け感の高い7デニールのものや柔らかく軽いタッチの10〜15デニールのものを。秋冬用には、20〜40デニールのものが欲しくなります。透け感のないほうがよければ、40〜180デニールのものを。パッケージの外側から見たときと実際に身につけたときでは、色味や透け感が異なりますので、必ず売り場のサンプルに手を通してチェックしてから買いましょう。

ナイロン製品よりシルク製品のほうがいい？

一般的には、シルク製品のほうがいいのですが、ことストッキングについては、そうとも限りません。シルクのストッキングは扱いに気を使わなければなりませんし、右脚と左脚が触れたときにカサカサと音がします。

いちばん人気があるのはナイロン100％のバックシームなしのストッキング。伸縮素材のポリウレタンが入っておらず、あらかじめ理想的な脚の型に作られているため、理想的な「型」に自分の脚をはめ込むことになります。透け感と光沢があるので、視線を脚のセンターラインに集め、スリムに見せる効果もあります。

ただし、購入する場合は、自分の脚の長さを測る必要があります。パッケージから出してみると、長すぎるように見えますが、実際の脚には厚みがあるので、着用したらちょうどよくなります。

またナイロンのストッキングは、引っ張られるのには強いですが、引っ掻かれるのには弱いです。爪を立てないよう注意しましょう！（それでもナイロンストッキングのいいところは、穴があいても広がらず、ポリウレタンのストッキングのような伝線をしないことです）。

ポリウレタン混紡のものは、脚の形に合わせて伸びるので、太く短く、残念な気分になることがよくあります。

RHTとは?

「Reinforced Heel and Toe（つま先とかかとが補強されている）」の頭文字です。補強がほどこされているストッキングのいいところは、ねじれないことです。つま先のあいたオープントゥパンプスを履くときには、RHTストッキングは避けましょう!

ガーターベルトとストッキングのはき方

わたしの初体験記をご参考に、まず、両手でストッキングの上端を持ち（親指がストッキングの内側になるようにしてください）、たぐり寄せて、ストッキング全体を手の中におさめます。それから足首を入れて、つま先とバックシームの位置を合わせ、つま先とかかとを固定させ、ストッキングをゆっくりと引き上げましょう。バックシームが脚の裏側の真ん中になるように。

引き上げたら、後ろ、前、サイドの順でストラップをつけます。位置を太ももの裏の中央より少し脇寄りにするのをお忘れなく。留め具は、ストッキングの上端から1インチ（約2・5センチ）くらい下のウェルト部分に。
すべてのストラップをつけ終えたら、ストラップの長さを調節します。座ったときのために、少しゆとりを持たせて。

最後に、両手で足首を包み込み、そのまま太ももまで這わせて、ストッキングを脚になじませます。足首のところにかすかなしわができるのは、本物のストッキングである証拠になりますが、ゾウの足首のようにたくさんしわが寄るのは、ストッキングのサイズが大きすぎる証拠。
ストッキングをはいたときには、突っ張ったような感じがするものです。そういう感じがないなら、ストッキングが大きすぎるか、ストラップの調整が不十分で、まだ長すぎるかのどちらかです。

ストッキングに適したシューズ
ストッキングをはいた脚をもっともきれいに見せるのは、ハイヒールです。バックシームのあるカラーのRHTストッキングを着用するときには、パンプスも同じカラーにするのがお勧め。ストッキングのバックシームとヒールにつながりが生まれて、とてもきれい！

ストッキングに適した服

好みの服を着ればよいのですが、ウェルト部分が見えてしまわないよう気をつけて。隠れているからこそ、想像をかきたて、魅力的に見えるのです。見せすぎは禁物です。

あなたがどんなストッキングを選ぶにせよ、どんな服に合わせるにせよ、太もも丈のストッキングをはくことの解放感と快感をぜひ味わってください。

Lesson 13.

［レッスン13］

夢のないアイテム

たとえ便利でも、喜びを感じないものは着ない。

わたしたちのほとんどが、ブラについての悩みや失敗を経験しています。ですが、見聞きした情報をすべて鵜呑みにしてはダメ！　市場には、ブラの問題を解消するための商品がたくさん出回っています。ブレストパッド、ボディテープ、ニップルカバー……。そうした商品リストを見ていると、まるで手術後の衛生用品リストを見ているようです。

わたしがこうした商品を知っているのは、何を隠そう、自分が売っていたからです（ごめんなさい）。

営業先のプランタンのバイヤーさんのひと言で、わたしが自分がまだランジェリーを真に理解していないことに気づかされました。

彼女は言ったのです。

「でもね、わたしたちは夢を売っているんですよ。あなたはそのことをお忘れなのでは？」

たしかにそのとおりでした。そのときのわたしは、女性たちが抱えている問題を和らげるための商品を紹介しているつもりが、問題を作り上げるような売り方をしていたのです。

一消費者として、自社が勧めるものを自分で試してみながら、扱う商品とその説明文の見直しを、数カ月かけて行いました。

そのときの苦い経験にもとづいて、問題を解消するといわれているけれど、「夢のない」商品について、アドバイスしましょう。

粘着式ブラ

付箋ならわかりますけど、ブラで粘着式？　粘着式ブラばかりつけていては、本物のブラが肌に当たる心地よい感覚を、味わい損ねる恐れがあります。もしダンスフロアではがれてしまったら、どんなに恥ずかしい思いをするか、考えてみたほうがいいでしょう。

味気ないシェイプウェア

「ボディラインを整えたい」という気持ちはよくわかります。でもだからといって、パッとしないシェイプウェアを受け入れることはありません。補正下着のデザインは、かなり改善されています。色のきれいなものやレース生地で作られたもの、透け感のあるものなど、別の選択肢をお勧めします。

ブラパッド

これを使っても、真実を隠し通せることなんてできるでしょうか？　たしかにブラパッドには、ちょっと持ち上げ、形を整える効果があるでしょうが、ピノキオがウソをついたときの鼻を思い出してください。あなたの谷間がマンガみたいに不自然に見えるのは、嫌じゃない？

見えない肩ひも

「見えない」なんてことはありません！　見た目も感触も、魚の下腹のようです。肩ひもの魅力は、上品なシンプルさや興味をそそる装飾にあります。シリコンの――もっと悪いのは質の悪い黄ばんだシリコンの――肩ひもではなく、魅力的な肩ひもをつけましょう。もしストラップレスブラが、肩ひもなしではずり落ちてくるのなら、そのブラは役目を果たしていません。

ニップルカバー

女性たちがニップルカバーをつける理由は、いくつかあるでしょう。乳首が敏感すぎて、生地にこすられる感覚に耐えられず、花びら形や円形のカバーをつけている人、服の上から乳首がわかってしまうのではないかと気になってしかたのない人。理由があるならいいでしょう。でもそうではなく、なんとなく人から勧められたから、というのなら考え直すべきです。

Tシャツブラ

味気ないです。名前からしてときめきません。この名前は、「手頃な値段で、タイトな服を着ても目立たないブラが欲しい」という女性の気持ちにつけ込んで、買う気にさせるために作られたものです。

Tシャツブラという言葉には、セクシーな響きがなく、安心感があります。でも安心感があるというのは、センシュアリティに欠けるということです。感覚を引き出すためのものではありません。

肌色のブラ

おもしろみがありません。あなたは1週間毎日、目立たないベージュの下着をつけたいですか？　あなたさえその気になれば、ランジェリーで、普通の日をとびきりの日に変えることもできるのです。

わたしたちの「夢」と「現実」のあいだには、危ういバランスが存在します。ランジェリーは、わたしたちがそのバランスを保ち、ありふれた日常に心地よい刺激を得るためのものです。

たとえ問題を解消するものであっても、身につけることに喜びを感じないものは、身につけるのをやめませんか。

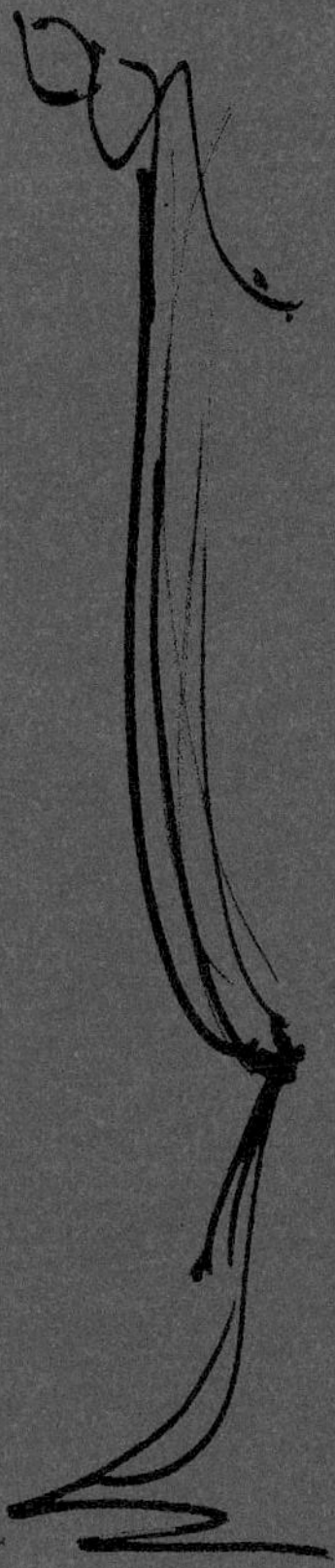

Chapter

04

ランジェリー・ワードローブをそろえる

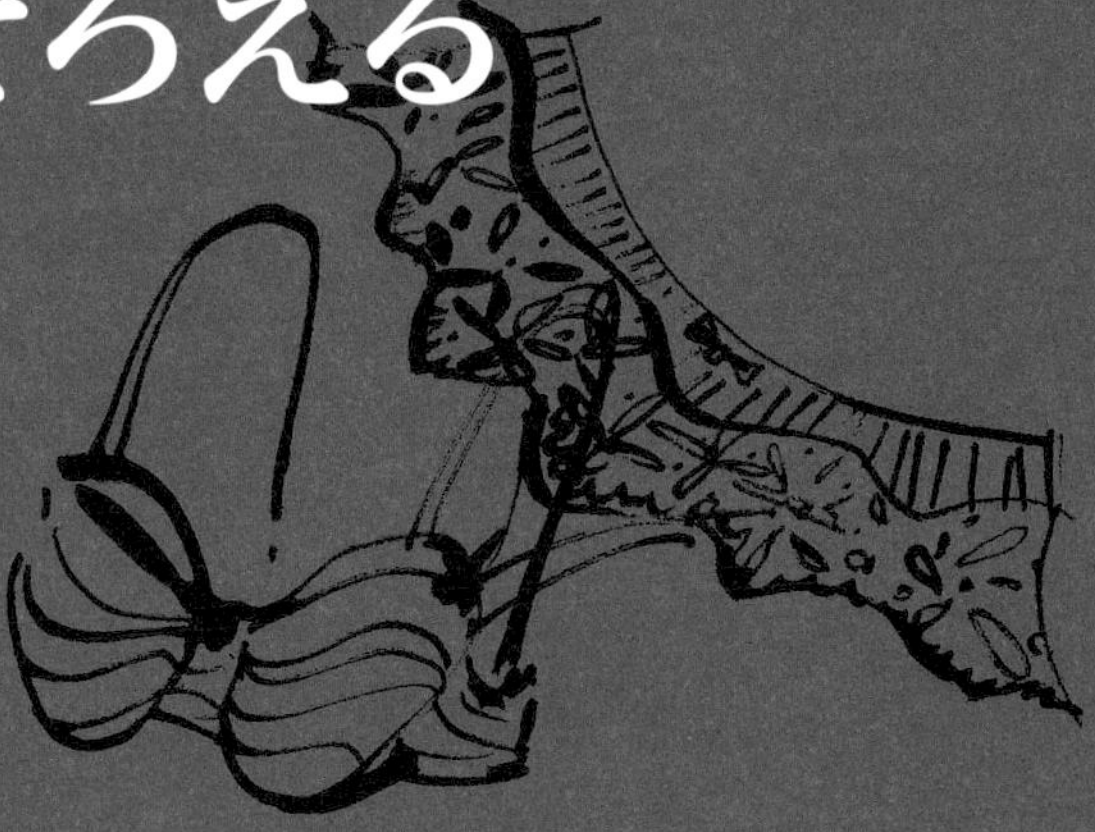

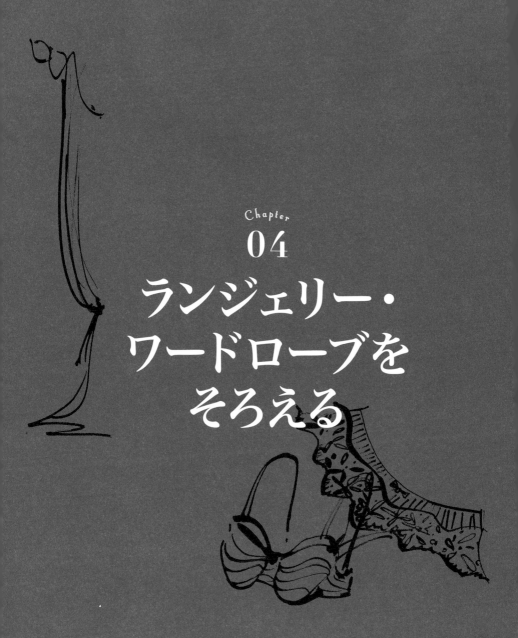

Lesson 14.

［レッスン14］

エモーションとセンシュアリティ

ランジェリーがエモーションをかき立てる。

毎年、春になると、わたしが楽しみにしている招待状が届きます。といっても、エリゼ宮（フランス大統領官邸）への招待状じゃありません。わたしにとってはもっと楽しいところ、「エスモード・パリ」への招待状！

それは、１８４１年に仕立て屋のアレクシス・ラヴィーニュが創設した世界最古の服飾デザイン学校（ちなみにかれは、マヌカン（人台）とメジャーの考案者でもあります）で、わたしは、そこの生徒たちの卒業制作のコレクション発表会に、ランジェリー作品の審査員として招かれているのです。

学生たちは、インスピレーションボード（ビジョンボード）と実際の作品の両方を発表します。作品の発表では、互いにモデルを務めます。持ち時間は全部で１０分。

インスピレーションボードというのは、画像や色見本、生地見本などを切り貼りして作られたコラージュで、どんなランジェリー作りを目指しているかを示すもの。それと作品を見るだけで、どの学生がデザイナーとしてもっとも将来性があるか、だいたい予測できるものなのですが、そこで決め手となるのは何かというと……。

絵がうまいとか、縫い方が完ぺきだとかいったことではなく、ストーリーです。本と同じように、魅力的なストーリーを物語っているものが、もっとも印象に残ります。そうしたストーリーは、学生たちのなんらかの「mood(気分)」、「feeling（気持ち)」、「emotion（感情)」がきっかけとなって生まれているからです。

「emotion」という言葉は16世紀から使われ始め、当時は「社会的な動揺」を意味しました。語源のフランス語「émouvoir」は、「動揺させる、興奮させる、感情を高ぶらせる」を意味し、現在のように、生理的な変化として現れる「強い感情」や「喜怒哀楽」の意味で使われるようになったのは、ここ200年ほどのこと。

では、「emotion」と「feeling」はどう違うかなんて、わたしに聞かないで。それらがどのように生まれるか解明しようとしている神経化学者や精神科医の間で、いまでも論争の種になっているのですから。

ともかく、「emotion」と「feeling」は、ランジェリーからも生まれます。ランジェリーは、体のあちこちを持ち上げたり押しつけたりしながら、体を覆うだけではありません。わたしたちの体に心地よく接触し、強い感情を引き起こします。そのことを、アナベルやジェントリー・ド・パリはわかっていたし、ファッションスクールの学生たちもわかっているんです。

これまで見てきた学生たちのコレクションの中で、いまもよく覚えているのは、スタンダールが著書『恋愛論』に記した「恋の結晶作用」から着想を得た作品。

スタンダールは、ザルツブルクの塩坑で、廃坑の中に捨て置かれた1本の小枝が、数カ月かけて塩の結晶で覆われ、ダイヤモンドのように美しく輝いているのを見て、恋する者が想像力によって意中の人を美しく飾り立てていく心理にたとえ、「結晶作用」と名づけたのですが、学生は次のように語って、息をのむようなコレクションを発表しました。

「わたしは、ことあるごとに自分の恋人の中に新たな素晴らしさを見つけていく『心の働き』を、『結晶作用』と呼んでいます」

透ける素材や、銀色や白のレースやシルクの生地、皮のパッチワーク生地に、クリスタルガラスの飾りをつけたランジェリー・コレクションは、恋心が深まるにつれ、「普通」レベルを「輝くような完ぺき」レベルに変えてしまうさまを見事に表現していました。

何年にもわたって、学生たちの発表に耳を傾け、かれらのコレクションをチェックするうちに、わたしたちはだれもが、自分の「女性らしさ」や「センシュアリティ」を生み出すデザイナーで、そうしたものを、ランジェリーを通じて表現できるはずだと思うようになりました。

ですが、実際にランジェリーをつけるとなると、たいていの女性はたいして考えることもなく、急いですまそうとしているのではないでしょうか。「感情」を抱くことなんてないように思います。かつてのわたしのように。

これからわたしといっしょに、その習慣を改めてみませんか。

Lesson 15.

［レッスン15］

ランジェリーノートを作る

あなた自身のストーリーを生み出そう！

わたしの知り合いのランジェリーデザイナーたちは、みんなノートを持ち歩き、ふと思いついたアイデアを書き留めています。そのノートをわたしたちはランジェリーノートと呼んでいます。あなたも日記形式のランジェリーノートを作ってみませんか？

素人だからなんて、言わないで。わたしもランジェリー日記をつけ始めたときには、デザインとは無縁でした。その後、日記はメモ帳、アート日記、スタイルブックを兼ねるランジェリーノートに発展し、今日にいたっています。書き込んでいくうちに、ランジェリー体験がぐんと楽しいものに変わりました。

何をどのように書くかは自由。書きたいときに、書きたいことを書く。ランジェリーをつけてどんな気分になりたいか、どんな自分でいたいかを言葉にしたり、本を読みながらくつろいでいるときとか、人と会う約束があるときなど、TPOごとにつけたいランジェリーを考えてみたり。

この機会を利用して、シルクやレースなどのランジェリー素材が、あなたの気分や行動にどんな影響を与えるか、探求してみるのもいいかも。

それでは、ランジェリーノートの作り方をご紹介しましょう。

1 ノートを用意する

シンプルなノートでも、装丁の凝った日記帳でもかまいません。自分のセンスに合ったものを選びましょう。理想をいうなら、持ち歩けるくらい小さくて、思いや夢を自由に書き込めるくらい大きなノート、でしょうか。

2 表紙

タイトルは「わたしのランジェリー日記」。最初のページに「このノートの所有者：○○○○」と、あなたの名前を記しましょう。

ちょっと凝って、文字を雑誌から切り取るとか、布地にあなたの名前を書くとか、ステッチしたものや、紙にお好きなフォントで印刷したものを貼りつけるとかでも、学生時代に戻ったみたいで楽しそう！

3 写真

あなたの写真を貼りましょう。あるいは自分の似顔絵を描いてもいいでしょう！　どうせなら、「ブラインド・コントゥール・ドローイング法」で！　手元の紙を見ないで、描き終わるまで鉛筆を紙から離さずに描く手法です。あなたの写真か、鏡を見て描きましょう。この手法の狙いは、リアルな絵を描くことではなく、観察力を発揮すること。この方法で描くと、被写体をずっと見続けることになりますので。

4 3つの問い

次の3項目をあなたのノートに書き写し、答えを書き入れましょう。

①わたしにとってランジェリーはどんな意味があるのか？
②今日はランジェリー日和？
③今日のランジェリー選びはうまくいった？

5 3つの言葉

あなたの「パーソナリティ」をうまく表現できる言葉を3つ書きます。

（例　自主的、寛大、温厚、誠実、古風、情熱的、陽気、ロマンチック、

感受性が強い）

次に、あなたの「ランジェリーの好み」をうまく表現できる言葉を3つ考えましょう。

（例　クラシック、高級、華やか、挑発的、エレガント、ガーリー、セクシー、控えめ、モダン）

6　3つのブラ

あなたがいま、つけているブラは、どんなものですか？　思いついたことはどんなささいことでも書き留めましょう。何色ですか？　どのタイプ？　どこで買いました？　つけていて、どんな感じがしますか？

同様に、あと2つのブラについて書き留めましょう。できれば、いい思い出があるブラと、そうではないブラを選んで、比べてみましょう。

7　インスピレーションページ、インスピレーションボード

あなたの引き出しに入っているランジェリーに意味が見出せず、別の品が欲しいと思っているなら、そろそろあなたのランジェリーストーリーを考え

てみたほうがいいでしょう。

あなたはどんなストーリーをお望みですか？

わからない？

だいじょうぶです。そういうときのために、インスピレーションボードがあるんです。あなたも作ってみましょう。

インスピレーションボードの作り方にルールはありません。デザイナーとか芸術的な才能の持ち主じゃなくても作れます。必要なのは、作ってみようという気持ちとほんの少しの勇気だけです。

インスピレーションページ、あるいはインスピレーションボードを作ることで、自分の周りのスペースの中での自分の体の見え方や感じ方が変わり始めます。普段は見すごしていた色やシンボル、パターンを知る機会にもなります。そうしたことが最終的には、あなたのランジェリー体験の改善につながるのです。

8 画材

ランジェリーノートのページを、インスピレーションボードの台紙に使いましょう。もっと大きな台紙のほうがよければ、段ボール箱のサイドをカットするか、画材店で「カードストック」などの厚みのある紙を買いましょう。「ピンタレスト」などのデジタルフォーマットを使ってもいいでしょう。

ただし、インスピレーションボードを豊かなものにしているのは「質感」です。手で触れた感触を味わう以上のことはありません。散らかった作品になるのを怖がらないで。散らかるのは、右脳が活発に働いている証拠です！

あなたがクリエイティブなタイプなら、必要な画材はもうそろっているでしょう。もし自分はクリエイティブではないとお考えなら、その考えはもうじき変わることになります。まずはこう宣言しましょう。

「わたしのクリエイティブな面を、いまから見つけてみせる」

それから、色鉛筆をお子さんから借りるなり、文房具店で買うなりして、用意しましょう。文房具店に行くのなら、ついでにマーカーやスティックのり、絵の具（水彩絵の具かアクリル絵の具）、絵筆も用意しましょう。質より量。画材の種類を増やすことを優先してください。

9 コラージュ

素材を集めましょう。普段は捨ててしまっているようなものにも目を向けてみるのがポイント。たとえば、ラッピングペーパーやリボン、絵はがき、雑誌、カタログ、羽飾り、はぎれなど。

素材を選んだら、ノートにのりやホチキス、テープで貼りましょう。あるいはノートに縫いつけてもいいでしょう。いったん選んだら、もう迷うことはありません。素材集めは、あなたがさまざまなアイテムのディテールや興味深い部分を見る機会でもあります。自分の直感と興味を信じましょう。

10 色彩

あなたは何色が好きですか？　新しいクレヨンセットを前にした5歳の子どもになったつもりで、考えてみましょう。どの1本を選びますか？　では、あなたのランジェリーの引き出しをのぞいてみてください。その色は、見当たりますか？　たぶん、見当たらないのでは？

わたしたちは、絵本の時代を過ぎたら、実用性を考え、安全第一で賢い買い物をするよう条件づけられます。その結果、引き出しの中は黒とベージュと白ばかりになってしまうのです。

じつを言うと、以前のわたしは、色を気にかけるのは信号ぐらい。ところがある日、おいしいマカロンで知られているフランスの有名ベーカリー「ラ

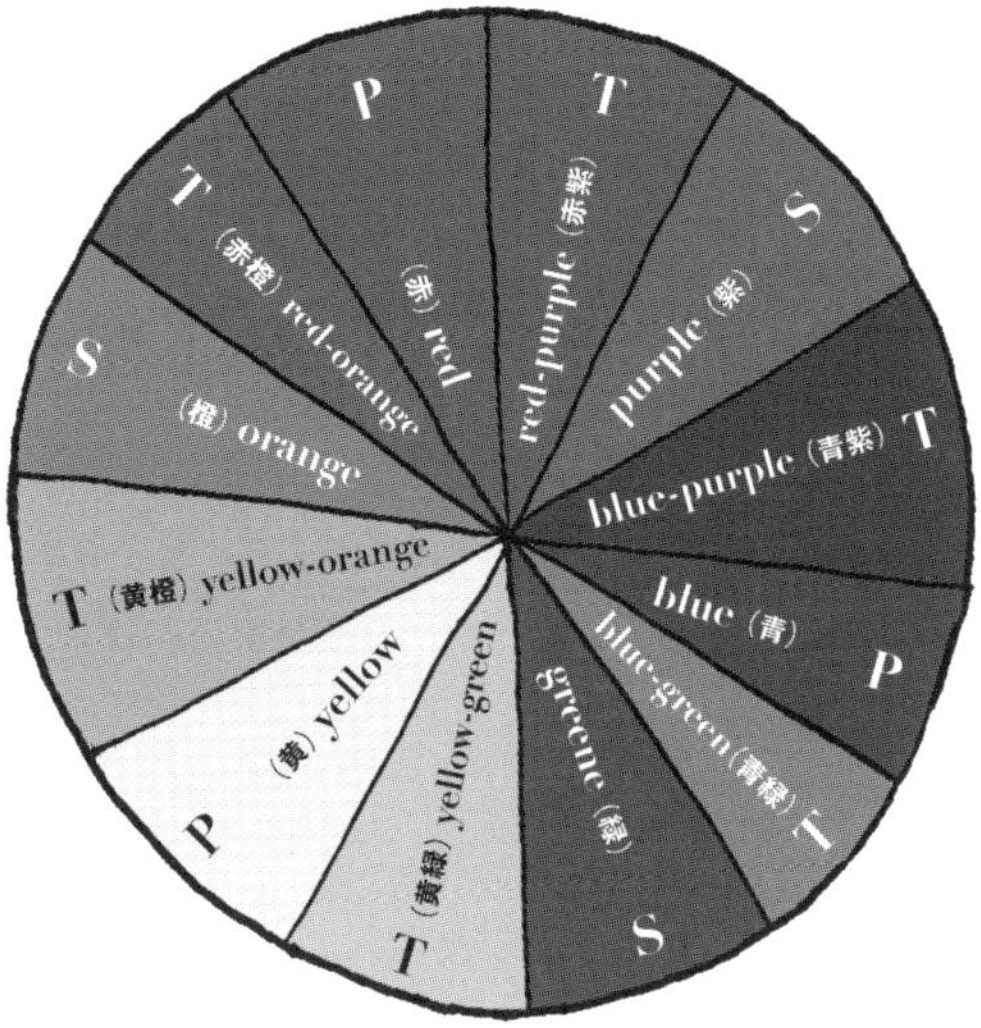

デュレ」のショーウィンドウの前を通りかかりました。食べたい気なんてなかったのに、パステルカラーのあまりにもすてきな色彩に、足が止まってしまいました。マカロンを眺めただけなのにすっかりハッピーな気分になって、以来、色に対する考え方が一変したのです。

さて、わたしたちはサー・アイザック・ニュートンが、18世紀初頭に「色相環」を作り出してくれたことに感謝しなくてはいけません！　すでにご存じかもしれませんが、基本的な色相は次のとおりです。

原色（Primary Colors）「赤」「青」「黄」。

この3色は、ほかの色を混ぜ合わせて作ることはできません。

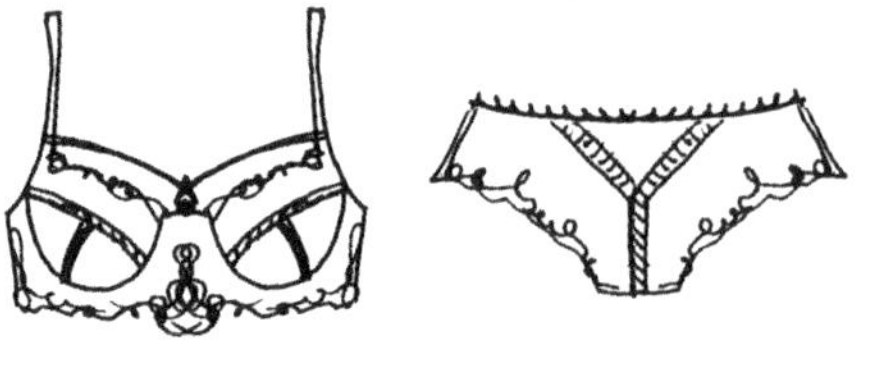

二次色（Secondary Colors）　原色を混ぜ合わせて作ることができます。
「青」＋「黄」＝「緑」、「赤」＋「黄」＝「橙」、「赤」＋「青」＝「紫」。

第三色（Tertiary Colors）　原色と二次色を混ぜ合わせて作られる色。

　デザインの分野では、カラーコーディネートの配色パターンを「カラースキーム」と呼んでいます。手始めに、次の３つを試して、それから、あなた好みの配色を試してみましょう。

モノクロマティック（単色）・カラースキーム　１つの色相を選び、明るさを変えた色――黒を加えて暗くした色や、白を加えて明るくした色――を組み合わせます。この配色はシンプルなので、目にやさしく、上品で落ち着いた感じになります。お好きなイラストを描くか、上のイラストをランジェリーノートに写して、次のような色で塗ってみましょう。

選んだ色
選んだ色＋白
選んだ色＋黒

アナロガス（類似）・カラースキーム　色相環の隣り合った3色の組み合わせ。この配色は、鮮やかでまとまりがあり、心地よい感じになります。

お好きなイラストを描くか、右上のイラストをノートに写し、色相環の隣り合った3色――「赤、赤紫、紫」、「黄、黄橙、橙」など――で塗ってみましょう。


コンプリメンタリー（補色）・カラースキーム　色相環で対極コントラストが最大になる配色で、ドラマチックで大胆な感じになります。

お好きなイラストを描くか、右上のイラストをノートに写し、2つの色の一方をブラに、もう一方をパンティに塗りましょう。もうひとつのイラストには、色を逆にして。たとえば、赤いブラに緑のパンティ、緑のパンティに赤いブラ、といった調子です。また、補色をアクセントカラーとして、ディテールに使ってみるのもおもしろいです。


さて、どの配色がいちばん気に入りましたか？　モノクロマティック？　それともアナロガス、コンプリメンタリーでしょうか？

地元のランジェリーショップに行って、ランジェリーにどのカラースキームが使われているか見てみましょう。

まずはショーウィンドウのディスプレイをスケッチ。どのカラースキームが使われていますか？　それから店の中に入って、ブランドとカラースキームの関係をチェック。なんらかの関連性に気づきましたか？

11　ディテール

レース生地やエンブロイダリーのディテールに詳しくなり、形や模様、重ね方の違いに気づくようになるためのアドバイスをしましょう。

上のレースデザインは、カレーのレースメーカー「ノワイヨン・ドンテル」のご厚意により、記載を許可していただいたものです。この模様をスキャナーかコピー機で拡大コピーして、ランジェリーノートに貼りましょう。そして、模様の線と線のあいだを、色鉛筆かマーカーでていねいに塗ってください。

お気に入りのブラのレースや刺しゅうの模様を、筆にまかせてランジェリーノートに「いたずら書き」しましょう。コーヒーでも飲みながら、刺しゅうの細部やレースの模様をじっくり見て。細かな部分がだんだんわかってきたでしょう？

レースや刺しゅう模様って、日用的なアイテムにも結構使われているものなんです。生活のありふれた光景の中でも、レース模様が見つかることに気づきました？　レースのカーテンはどんな柄？　窓ガラスに霜が降りていませんか？　陶器はどんな模様ですか？　花柄ではありませんか？　そうした模様をランジェリーノートにスケッチしてみましょう。

12 落書き（Doodle）

まだノートにいたずら書きをしたことがないのなら、ここで初体験を！　楽しいし、心が落ち着きます。ランジェリーデザイナーなら知っていることですが、素晴らしいディテールはいたずら書きから生まれます。ディテールの中にいたずら書きがあり、いたずら書きの中にディテールがあるのです。手始めに、上のいたずら書きを書き写してみましょう。

13 生地

生地の専門店や手芸品店の生地コーナーに出かけて、好みの生地を探してみましょう。あなたのカラースキームに入っている色の生地が見つかればラッキー。はぎれコーナーをのぞいたり、無料あるいは有料の生地見本があるかどうか聞いてみて。裁縫をする友人に、はぎれの山から選ばせてもらってもいいでしょう。気に入ったはぎれが手に入ったら、ランジェリーノートにホチキスで留めます。

14 感触の違いを知る

レッスン6でお伝えした「能動的なタッチ」と「受動的なタッチ」の違いを覚えていますか？　それを自分で確かめる方法をご紹介しましょう。

ランジェリーの引き出しから、パンティを3枚取り出して、ベッドの上に並べます。3枚はできるだけ素材の異なるものを選んでください。たとえば、レースのパンティと綿のパンティ、シルクサテンのパンティ、などのように。もしあなたのパンティが綿ばかりとか、シルクばかりだったら、素材の異なるブラウスやスカーフを加えた3枚にしてください。

では、最初の1枚を手に取って、生地に指を這わせてみましょう。目を閉じて、全神経を指先に集中させます。どんな言葉が頭をよぎりますか？「柔らかい」とか「なめらか」？　それとも「ゴワゴワしている」、「ザラザラしている」、「硬い」でしょうか？

あるいは「伸縮性がある」、「軽い」、「重い」、「ぶ厚い」、「薄い」ですか？

ウエスト回りにゴムがついていますか？　脚ぐりはどうなっていますか？　フリルや刺しゅうの様子は？

あなたが感じた質感をできるだけ詳しく表現しましょう。あとで比較できるように、その言葉を書き留めておきます。

次に、そのパンティをベッドの上に置きましょう。手をウエスト回りや脚ぐりから差し込んで、指先の感触をチェックしてください。目を閉じて、全神経を指先に集中させます。どんな言葉やイメージが頭をよぎりますか？　質感を表す言葉をノートに書き留めましょう。

ほかの2枚についても、同じ作業を繰り返します。

できたら、書き留めた言葉を比較してみましょう。触れたときの違いをじっくり比較することで、生地の質感にこれまでとは違った形で注意を払えますし、ランジェリーの生地や質感の「見る目」を養うことになります。

次に買い物に出かけたら、衣類のラックの前に立って、衣類の表と裏を手で触れてみましょう(能動的なタッチと受動的なタッチです)。一見同じように見える生地でも、触れてみると違いがあったりして、なかなかおもしろいでしょう？

生地を指で挟んで、撫でてみましょう。目をあけて指を這わせたら、次は目を閉じてやってみましょう。

だれかに見られても、気にすることはありません！　できるだけたくさんの言葉や絵を使って、ノートに感覚を表現して！　表現がリアルであればあるほど、感覚を覚えていたり、思い出せる可能性が高まります。

15 イラストを描く

いたずら書きができるなら、イラストだって描けます。

わたしは、ファッションイラストでよく見かける、華やかで気まぐれな感じの絵が大好きで、デザイナーのようなイラストの描き方を学びたいと、常々考えていました。そこで、この本のイラストレーターでもあるパロマに、描き方を示していただきました。これで、あなたがフレンチランジェリーを身につけない方であっても、それを描くことならできるようになります！

トレーシングペーパーを用意し、ブラとパンティの輪郭を書き写しましょう。ペーパーの上から、軽く2回ほどなぞって、どんな感じの形なのかをつかみ取りましょう。

ブラ

Step 1

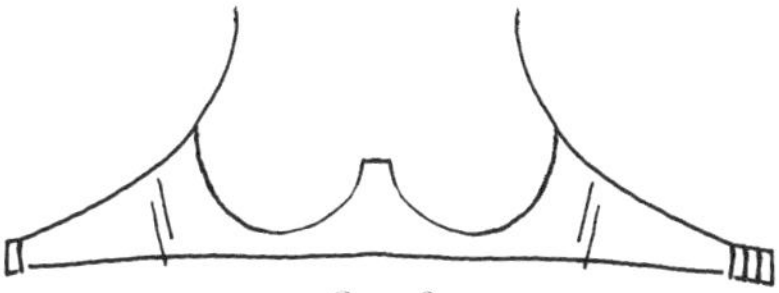

Step 2

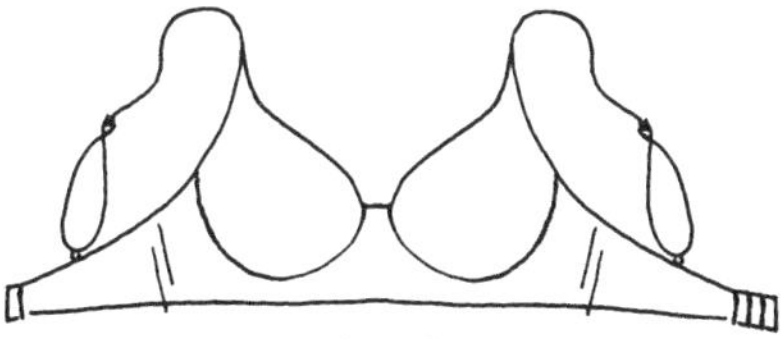

Step 3

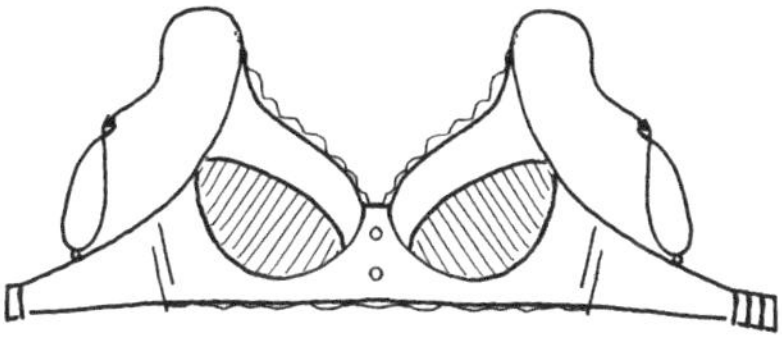

Step 4

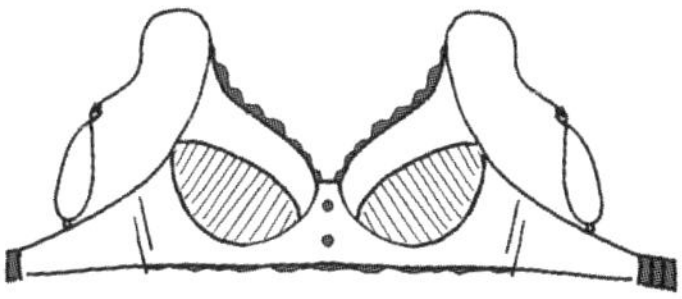

Step 5

Step 1

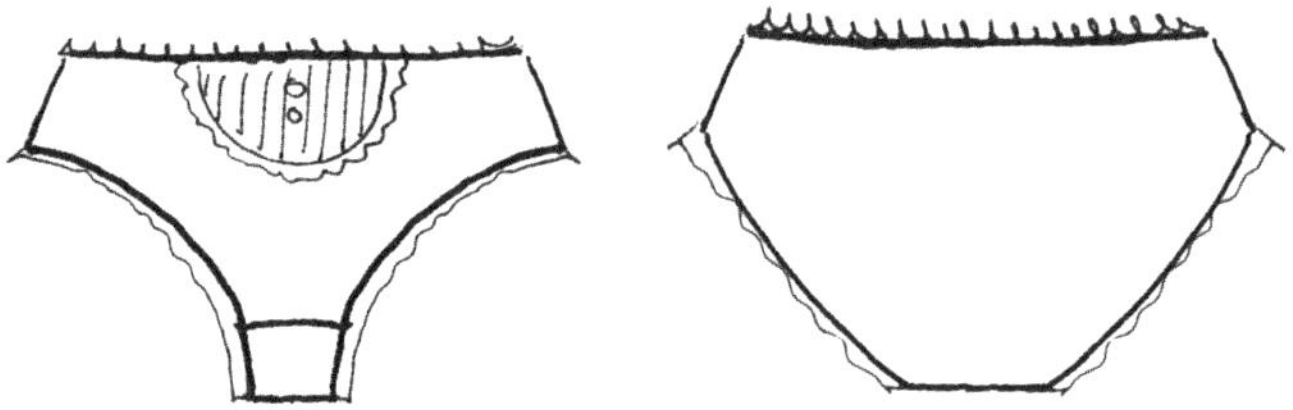

Step 2

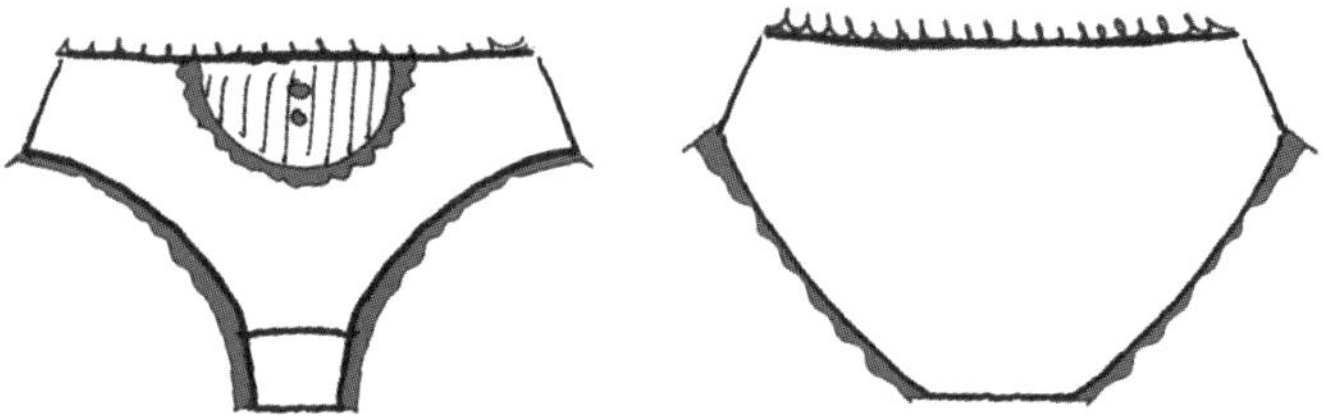

Step 3

ランジェリー（や人生）の美しさや魅力は、ディテールにあります。次のような手順で、レース効果を作り出しましょう。この方法で、ブラとパンティを縁取れるだけでなく、あなたのノートの縁の余白も飾ることができます。

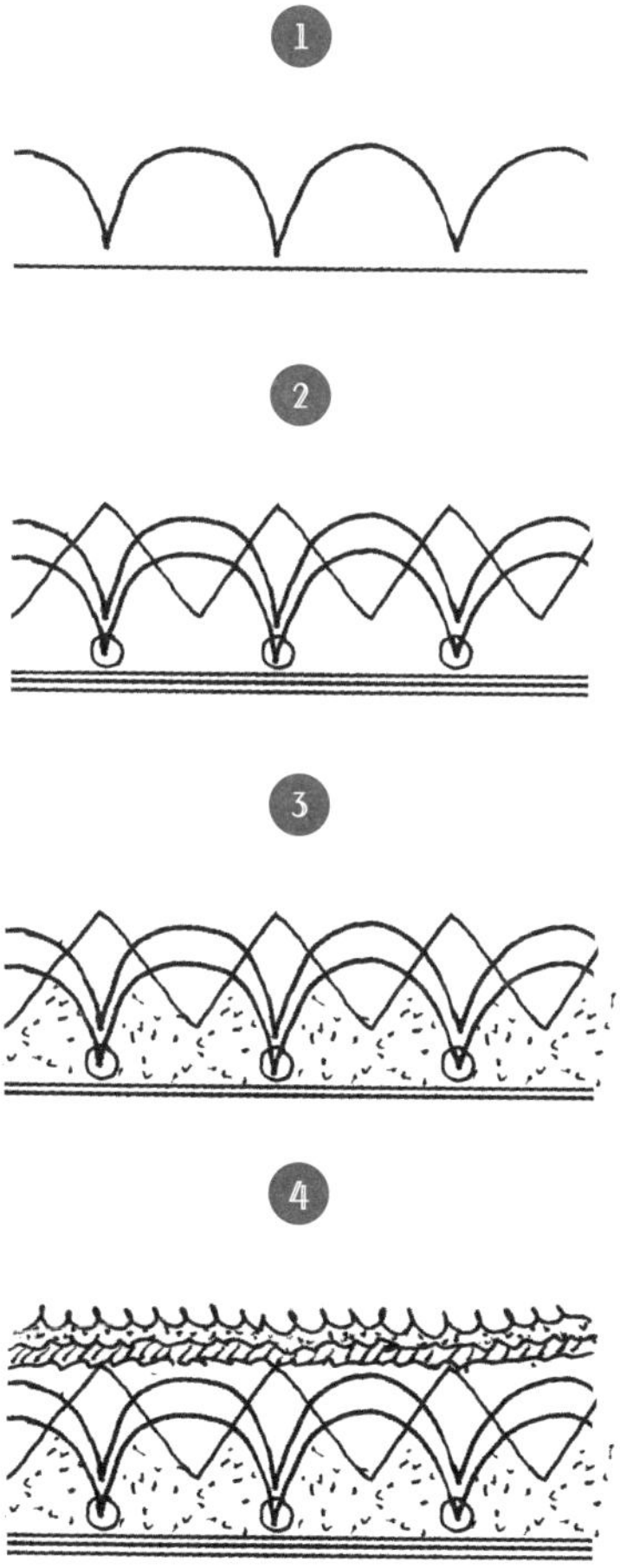

❶ まず、半円が並んだ線を描きます。もし不安がおありでしたら、トレーシングペーパーを使いましょう。

❷ 半円が並んだ線をもう1列加えたりして、模様を増やします。線の太さを変えてみてもいい。完ぺきすぎるのもつまらない。変化をつけて。

❸ 線や点をいくつか加えて、さらに手の込んだ模様にしましょう。

❹ 上部に波線を描いて、縁を仕上げましょう。

次に、お気に入りのブラのディテールの模様（ペイズリー柄や花柄、幾何学柄など）を見つけて、スケッチしてみましょう。ディテールに注意をそそげば、あなたの脳が、あなたの手を導きます。

また、たぶんあなたも、もう使わなくなったブラやパンティをお持ちだと思いますので、その縁飾りや飾りリボン、レースの模様を切り取って、ノートに糊づけしましょう。それから、その下に、手元を見ないで、ただレースの模様だけに集中して、その絵を描いてみましょう。

16 重なり（層）

芸術作品やファッションにおいては、その芸術性――とストーリー――は「重ね方」に表れます。一般的な認識とは裏腹に、重ねても、隠すことはできません。いったん作られた層は、すっかり見えなくなったとしても、存在するのです。次のような作業を通じて、重ねることでどんな感覚や視覚効果が生まれるかを知ることができます。

まずランジェリーノートに、ページいっぱいに額縁の絵を描いて、その中を、はぎれや紙きれ、新聞紙、古い雑誌や本から破ったページなどで埋めつくしましょう。いろいろな素材を組み合わせて、コラージュを作るわけです。

次は、試しに、薄紙やトレーシングペーパーを、はぎれや破ったページの上に重ねて、透け感をチェック！　質感や光の反射が変化したことに気づきましたよね？

そうしたら、薄紙やトレーシングペーパーをのりで貼ったり、ホチキスで留めたり、縫いつけたりして、コラージュに重ねます。次に、薄紙やトレーシングペーパーに、色鉛筆やマーカー、絵の具で線や図形を描きます。

こうしたささいなディテールが、もうひとつの層を加えることになり、見え方が再び変化します。ラメ入りマニキュアをお持ちなら、それもつけ足して！　これで、表面がキラキラ光るでしょう？

では、でき上がったコラージュを眺めてみましょう。いろいろな形、色、質感の重なりが、新しいイメージ、新しい奥行きを生み出していませんか？　さらに、イメージが湧いてきた？　素晴らしい！

数日後に、コラージュをもう一度眺めてみましょう。今度は何が見えますか？　表面に指を這わせてみて。作業の記憶がよみがえりましたか？　もしあなたが大胆な気分になっているのなら、黒の絵の具で、コラージュ全体を塗りつぶしてみましょう。でも、どれだけ塗り重ねても、コラージュを消すことはできませんよね。

コラージュは存在し、これからも作業の記憶とともに存在し続けるのです。

あなたにとってのセダクションは？　セクシュアリティは？　センシュアリティは？

レッスン3で、ランジェリーの3つのSについてお話ししたのを覚えていらっしゃいますか？

あなたにとって「セダクション」とは、どういうことですか？　この言葉から、どんな色をイメージしますか？　どんな生地をイメージしますか？

あなたにとっての「セダクション」を象徴している生地を、いくつか集めてみましょう。


では、あなたにとって「セクシュアリティ」とは？　さらには「セクシー」とは？　これらの言葉から、どんな色をイメージしますか？　どんな生地をイメージしますか？

あなたにとっての「セクシー」を象徴している生地を、いくつか集めてみましょう。


そして、あなたにとって「センシュアリティ」とは？　どんな色が「センシュアル」だと思いますか？　どんな生地をイメージしますか？

あなたにとっての「センシュアリティ」を象徴している生地を、いくつか集めてみましょう。


いつも月並みなことしか思いつかないと感じたとしても、心配ご無用。なにしろわたしたちは、長年にわたって月並みな話を耳にしてきたのです。それも成長の過程です。

今度ランジェリーショップに入ったり、カタログをめくったりするときに、ランジェリーの宣伝のフレーズをチェックしてみましょう。どんな言葉が、どんな文章の中で、どんなイメージで使われていますか。そうした言葉は、あなたが選んだ言葉や質感に近いものですか？

五感を磨く

「5つの感覚」をノートに書き出してみましょう。

「眺め」、「香り」、「音」、「味」、「触感」。

あなたはいま、何を眺めていますか？　どんな香りがし、どんな音が聞こえ、どんな味がし、どんな触感を抱いていますか？　ノートにできるだけ明確に表現してみてください。

この問いに、間違った答えはありません。いろいろな言葉や色、いたずら書き、イラストが交わり始めたときに、明瞭さと意味が生まれるのです。

質感を言葉で表現する

「質感」というのは、素材の表面の質や素材に触れたときの触感のことです。「柔らかい」、「硬い」、「なめらか」、「ザラザラしている」、「しっとりした」、「パリッとした」などが、触れたときの質感を表現する言葉です。

逆に、なんらかの言葉を質感で表現してみるとしたら？

たとえば、オーガニックコットンの質感を表現する言葉を考えてみましょう。「柔らかい」という言葉が浮かびますね。そうしたら次に、「柔らかい」という言葉を、どんな質感で表現できるか考えてみます。

「オーガニックコットンの質感」はもちろんですが、「毛皮の質感」とか、「マシュマロの質感」、「ベロアの質感」などでも表現できます。人によって、思いつく言葉のリストも、質感のリストも違ったものになるはずです。

では、ランジェリーやその質感を表す言葉について考えてみましょう。

ランジェリー業界は、だいたい次のような仕組みになっています。まず、デザイナーたちが試作品を作り、その中のいくつかが商品として大量生産されます。メーカーのマーケティング部門、販売部門は、そうした商品をできるだけたくさん売ろうと、画像と言葉を使った広告を考えます。そのときによく登場する言葉やテーマが「セクシー」と「ホット」。「セクシー」がどんな感じかについては、文化にもとづく共通認識があり、ピンクやターコイズブルーのサテンのパンティがその認識を裏づけています。「セクシー」=「サテン（の質感）」というわけです。

でも、あなたが考える「セクシー」が「サテン」ではなかったら？　セクシーと謳われている商品に対してなんとなく違和感を覚え、自分とは無縁なものに思えるはず。だからこそ、婉曲的な言葉を多用する業界がよく使う言葉について、もう一度考えてみる必要があるのです。

ここで、いくつかの言葉についてもう一度考えてみましょう。ランジェリーノートの冒頭で、あなたの「パーソナリティ」を表す言葉を3つあげていた

だきました。その3つは、どんな「質感」で表現できますか？

ノートに上のようなマス目を描いて、あなたの「パーソナリティ」を表す言葉と、それを表現する「質感」を書き留めておきましょう。

例〈パーソナリティ〉ロマンチック↓〈質感〉軽くて透ける

例〈パーソナリティ〉陽気↓〈質感〉かぎ針編み

あなたの「ランジェリーの好み」を表す言葉についても考えてみましょう。どんな「質感」で表現できますか？

「ランジェリーの好み」を表す言葉と、それを表現する「質感」を書き留めておきましょう。

例〈ランジェリーの好み〉華やか↓〈質感〉光沢のある

例〈ランジェリーの好み〉モダン↓〈質感〉メタリック

2つのリストを眺めてみましょう。あなたの「パーソナリティ」を表現する質感と「ランジェリーの好み」を表現する質感に共通項はありましたか？

どんな関係がありますか？

その２つが似ていようが、対照的であろうが、その２つの関係が、説得力のある魅力的なストーリーになるのだと思います。あなたの答えに正しいも間違いもありません。あるのは、発見と未踏の地への探検だけなのです。

言葉の中には、とても見慣れた言葉に思えるものがあります。わたしたちはそうした言葉の意味はわかっています。ですが、そうした言葉が「自分にとってどんな意味か」についてはどうでしょう？

「美（beauty）」、「人生（life）」、「愛（love）」、「喜び（joy）」、「夢（deram）」、「自由（freedom）」、「アート（art）」、それから「ランジェリー（lingerie）」。それらは、あなたにとってどんな意味を持っていますか？

ネットで、こうした言葉に関する名言や格言を探してみてもいいですね。惹かれるものはありますか？　あったら、それもランジェリーノートに書き留めておきましょう。それっぽいフォントや大きさや色で！

そして、ランジェリーショップやカタログでランジェリーやその質感を表現するのに、どんな言葉が使われているか、もう一度チェックしてみましょう。あなたが考えた言葉と同じものもあるでしょうし、違うものもあるでしょう。そのことに気づいたら、自分を表現できるランジェリーを選べるようになるはずです。

さて、ある程度ノートが埋まってきたら、全体に目を通してみましょう。何か特定のテーマがありますか？

テーマがなくても、よく登場する言葉や色彩があるのでは？

どんなことを発見しましたか？

どんな言葉や色、体験、感覚に驚きましたか？

いまの世の中、すぐに満足感が得られるものが求められ、実際にそういうものが増えています。そうした環境のなかで、わたしたちは満足感を得るのに、自分よりも他人に頼るようになってきています。

でも、価値は、結果ではなく、プロセスにあります。どんなランジェリーノートが完成するか、どんなランジェリーが自分にふさわしいかがわかるか、という「結果」もですが、それ以上に、そこにいたるまでの「プロセス」に満足感があります。ノートを作るプロセスから、わたしたち一人ひとりの中にある果てしない感動と満足感を思い出し、味わうことができるのです。

Lesson 16.

［レッスン16］

ランジェリーの引き出しを整理する

好きじゃないものは処分して、自分らしいものだけを残す。

そろそろ、あなたのランジェリーの引き出しを整理するときがきました。これからその方法をご紹介します。なにしろ以前のわたしの引き出しは、ランジェリーの引き出しというより、寝室に落ちていた見捨てられた下着をかき集めては入れておく、一時的な収納場所でしたから。

そのころのわたしのランジェリーはわたしをがっかりさせ、わたしはランジェリーを大事に扱わず、結果的に、わたしとランジェリーの関係は悪化の一途をたどっていたのです。

引き出しの整理をするときには、自分をアートコレクションの「キュレーター」と考えましょう。もうあなたは自分自身のセンシュアリティのデザイナーなのですから、キュレーターになるのは自然な流れです。

キュレーターとしてのあなたの仕事は、見つけること、愛情をそそぐこと、収集することです。

ランジェリー・ワードローブについては、「デイ・ランジェリー（ブラやパンティなど）」、「ナイトウェア（パジャマやナイトシャツ）」、「くつ下類（タイツ、ストッキング、レギンス、ソックス）」の3つのカテゴリーに分けて考えましょう。

それでは、引き出しの整理のスタートです！

1 引き出しをいったん空っぽにする

引き出しの中身を全部出して、並べてみましょう。ブラもパンティも、パンスト、太もも丈ストッキング、ナイトウェア、それから、もしお持ちならラウンジウェア（部屋着）も。あなたがいま着ているものも含めて、すべてを対象にします。洗濯かごに入れてあるものがあったら、それも持ってきて。

今日から、あなたの引き出しには、とても心地よいもの、身につけたいと心から思えるものだけを入れるのですから！

アイテム	形状	気に入っているところ／嫌いなところ	サイズ	フィット感	評価
ブラ	黒、モールド	肩ひもが伸びている	36B	いまいち	4
パンティ	オーガニックコットン、ボーイショーツ	花柄	M	とてもいい	9

2 在庫リストを作る

ランジェリーノートに、6列の表を作って、上のような列タイトルを書き入れましょう。上の表はその例ですが、あなたのものと似ていない？

すべてのアイテムをチェックし、表に書き入れたら、次は、処分するかどうかを判断しましょう。

評価は、1点から10点までの10段階。

8点以上のものだけをキープし、8点に満たないものは、あなたの体の上はもちろん、引き出しの中にも居場所はないものと考えます。

ええっ！　と、あなたが直面しそうなシナリオをいくつかあげておきます。

「それは新品のブラで、まだ一度もつけたことがないの。なんとなく気が進まなくて、もう3年も引き出しに入っているけど、いつかそのうち……」

↓ 処分しましょう。

「それは友だちからのプレゼントなの。でも彼女は、結局わたしのことを理解してくれてなかったみたい。だから、なんとなく使いたくないの」

↓ 処分しましょう。

「それはすてきなブラで、まだ2、3回しか使っていません。特別なとき用に大事にしているの」

↓ とっておきましょう。そしてもっと使ってください！

「そのブラは、あと5キロ痩せることを期待して買ったの（セールだったので）。まだ痩せてないけど、痩せたら使えるでしょう？」

↓ 処分して、痩せたらそのとき買いましょう。

「まあ、奥にしまい込んだまま忘れてた！　こんなすてきなブラとパンティのセットがあったなんて！　もう一度つけるのが待ちきれないわ」

↓　とっておきましょう！

「それは普段用のベージュのブラ。実用的だけど、いいところはそこだけ」

↓　実用的であることが8点をつけるだけの価値があると思うなら、引き出しに入れましょう。それをつけてもまったくときめきを感じず、おもしろみがないと思っているなら……どうすればいいかおわかりですね。自分の心に問いかけ、耳を傾けて、本当の気持ちを引き出しましょう。それが正しい答えになるのです。

「もとの色がわからないくらい色褪せたパンティや、たくさんの引っ掛け傷や穴のある黒のレギンスやタイツがたくさん」

↓　すべて処分しましょう。

3 最終的な判断を下す

残ったアイテムをよく見てみましょう。

そこにあるのは、あなたのパーソナリティを反映したアイテムや笑顔をもたらすアイテムですか？

それから、ブラとパンティをそろえるか、自分で組み合わせを決めるか、考えて、何セット常備するか決めておきましょう。8セットあれば理想的。洗濯物を1週間ためても、着るものがありますから。

在庫リストは、新しいものを購入するたびに書き足しましょう。購入日や店の名前も書いておくと、のちのち参考になります。ディテールのイラストや、身につけたときの感覚や気分もメモしておくといいでしょう。言葉や色彩の記録が、あなたのランジェリーを「見る目」の記録にもなりますから。

4 予算を決める

贅沢なランジェリーを買うには高額のお金がかかりますが、大好きなランジェリーを身につけるという贅沢をするというのなら、そうとも限りません。お気に入りのランジェリーショップのセール期間をメモしておいて、お安く手に入れましょう。買えるときに買えるものを買えばいいのです。

ランジェリーの予算を組みましょう。そうすることで、金額の多少にかかわらず、あなたにとってのランジェリーの重要性を確認できることになり、ひいては、ランジェリーを大事にする生き方につながります。

予算が物事を実現させるのです。ビジネスでは、予算の額が多いほど、結果がよくなり、予算がなければ、結果も出ません。

ひとつ言っておきますが、**どこに目を向ければいいかがわかっていれば、予算はいつでも増やせます。**

たとえば、娯楽の予算をいくらか横流ししてはいかがでしょう？　あなたはランジェリーを楽しむことになるのですから。

予算が決まったら、ノートに書いておきましょう。

5

理想的なランジェリー・ワードローブを築く

ブラとパンティ　セットでそろえたいと思っているなら、パンティのほうが消耗が早いですから、ブラ1つにつきパンティを2枚買っておきましょう。

セットになったものがお好きじゃないなら、どんな組み合わせにするか（色で決めるか質感で決めるか）考えておきましょう。

あなたが活動的なタイプで予算がおありなら、スポーツブラを2つ買い足しましょう。そうじゃないなら、1つ買って、こまめに洗濯しましょう。そして、もっと動くことをお勧めします。

シェイプウェア（補正下着）　あなたがシェイプウェアをお使いなら、驚くようなサポート力とシェイプアップ効果については、すでにご存じでしょう。買い足すなら、おしゃれなものを！

おしゃれなものがなかったら、スワロフスキー・クリスタルやラインストーン、ガラスビーズをつけ足しましょう。小さな輝きにふさわしくないボディなど、ありません。お肉をぎゅうぎゅうに押し込めているからといって、遠慮することはないのです。

くつ下類　あなたがパンスト一辺倒だったとしたら、レッスン12を参考にして、ガーターベルトと太もも丈ストッキングを買い足してください。

ラウンジウェア　長い1日が終わったら、着るものは何でもよかったり、ヨガ以外の時間もヨガパンツで通していたりしていませんか？　もしそうなら、そろそろグレードアップしてみてはいかがでしょう。

たとえば、スリップかキャミソールと、レギンスの組み合わせ。それにセーターを足せば、快適でエレガントなラウンジウェアになります。

もしあなたがかつてのわたしと同じなら……長いこと愛用していたスウェットパンツは、そろそろさよならしてもいいのでは？

ナイトウェア　眠るときの衣服は軽んじられることが多いもの。ですが、体を休めている時間も一日の大切な時間です。リラックスできたほうがよく眠れます。そして、よく眠れたほうが、気分がいい。

ナイトウェアの選択肢は、少なくとも3つあります（Tシャツは勘定に入れていません！）。

1つはパジャマ、2つ目はナイトシャツ、3つ目は、スリップかキャミソールとショーツのセットです。

この3種類をいろいろな生地で試してみましょう。デパートで購入してもいいですし、オンラインで注文すれば、家にいながら購入できて、気に入らない品物は返品できます。

魅力的なナイトウェアに着替えることを、夜の儀式にしませんか。そうすることで、心身ともにペースダウンし、リラックスするための準備ができますし、楽しい感覚を味わう余裕も生まれます。

もしあなたが裸で寝るのがお好みなら、質のいいシーツを用意して、快適さを最大限まで高めましょう。

それでは、どうぞいい夢を。

Lesson 17.

［レッスン17］

秘密の花園

自分を愛し、人生を愛し、男を愛する場所。

『秘密の花園』といえば、フランシス・ホジソン・バーネットの児童向けの小説ですが、フランス人にとっては、人生の中のプライベートを保っている領域のことです。

つまり、あなたの密かな思いや願望がうごめく場所、自分自身に正直であることが最優先される場所、そして、ランジェリーを通じてあなたのセンシュアリティを高めるために、未知の感覚を開拓できる花園全体のことなのです。

未知の感覚を開拓したいなら、大人のおもちゃも選択肢のひとつになるでしょう。あなたが試したことがないのなら、なおさらです。

近所にバイブレーターを売る店がないなら、オンラインショップに行ってみましょう。オンラインショップなら、使い方についての情報も充実していますし、大人のおもちゃの世界の中に、あなたが見過ごしていたものが見つかるかもしれません。ただし、eラーニングはスタートにはなりますが、ことわざにもあるように「経験が最良の教師」です。

もしあなたが、おもちゃよりもお酒のほうがお好きなら、高級ホテルのロビーで、シャンパンを注文してみませんか。もちろんひとりで。きっと、人生でもとくに心が浮き立つ経験のひとつになるでしょう。

ホテルのロビーは日常とは別の空間にあり、そこでは別の時間が流れています。ありのままの自分になるのも、別人になるのもあなたの自由。そこにいる人々を観察してみたり、会話に耳を傾けてみたり、あるいは本を読んだり……。

ホテルのロビーは映画のセットのようなもの。秘めやかな出会いのストーリーや、非日常のひとときのストーリーなど、あらゆるストーリーの素晴らしい舞台になるでしょう。

あなたは主役を演じたいですか？　それともエキストラに溶け込みたいでしょうか？　それを決めるのもあなたです。さっそく明日にも行動に移してみましょう。

官能小説も、人気のある「秘密の花園」のひとつでしょう。お気に入りの作家がいたり、小説の中のお気に入りの一節があったりする人もいるでしょう。あなたが官能小説とは無縁だったなら、グーグルで検索してみるといいでしょう。官能小説があなたに役立つかどうか見極めるいい機会です。

あなたに必要なのは、詳しい説明でしょうか？　それとも、ちょっとしたヒント？　あなたのお好みは、ちょっとぼかしたストーリーでしょうか？　それともショッキングなストーリー？　コミカルなストーリー？　わからない？　だったら、いろいろなものを少しずつ読みかじってみましょう。

それでは、フランス人のナイトテーブルによく置かれている官能小説を5冊紹介しましょう。

『昼顔』　ジョセフ・ケッセル著　（あるいは、カトリーヌ・ドヌーヴ主演の映画『昼顔』をご覧になってもいいでしょう）
（＊訳注：堀口大學訳、新潮社 Kindle 版　1952年。新潮文庫版は中古品として入手可能）

『デルタ・オヴ・ヴィーナス』　アナイス・ニン著
（＊訳注：『デルタ・オヴ・ヴィーナス』、高見浩、杉崎和子訳、二見書房、１９８０年、古書。『ヴィーナスの戯れ――アナイス・ニンのエロチカ二部作』、高見浩、杉崎和子訳、富士見書房、１９８５年ほか）

『美徳の不幸』　マルキ・ド・サド著
（＊訳注：『美徳の不幸』、澁澤龍彦訳、河出書房新社 Kindle 版、１９９２年、河出文庫版は中古品として入手可能。『ジュスチーヌまたは美徳の不幸』、植田祐次訳、岩波書店、２００１年ほか）

『カトリーヌ・Mの正直な告白』　カトリーヌ・ミエ著
（＊訳注：高橋利絵子訳、早川書房、２００１年）

『O嬢の物語』　ドミニク・オーリー著
（＊訳注：ポーリーヌ・レアージュ（ペンネーム）著、澁澤龍彦訳、河出書房新社、１９９２年、角川書店 Kindle 版、２００２年ほか）

どうぞ楽しい読書を！

Epilogue

［おわりに］

ライフ、ラブ、ランジェリー

フランスの文化や言葉を学ぶ旅としてスタートしたパリでの生活は、快感をもたらすランジェリーを開拓する冒険の旅に変わり、わたしはその旅を通じて、新たな自分に気づくことができました。

わたしたちの多くは、周りの人たちの期待や社会の要求にもとづいて、どんな人間になるべきかを考え、自分がどんな人間かについてのストーリーを作り上げます。その結果、「内なる自分」をそのまま「外側の自分」として表現することができなくなってしまいます。

ですが、意外にも、ランジェリーがその2つをつなげ、バランスをとる役割を果たします。あなたがランジェリーを慎重に選び、意図を持って身につけるなら、ランジェリーがひとつの層となって、あなたを本当のあなたにしてくれるのです。

肌の表面から始まるランジェリーの層は、自分を育て、自分に敏感に反応する層であり、自分を内側と外側に発散する層でもあります。

ランジェリーが、あなたが自分に自信を持ち、自分を大好きになるための第一歩になるのです。

最初のころは、フレンチランジェリーを身につけるのにフランス語をしゃべる必要がないことに、ただ驚いていました。ですが、ランジェリーがもたらしてくれる感情や刺激の機微を解釈するには、ボディランゲージをはじめ別の種類の言葉を学ぶ必要がありました。言葉とランジェリーはつながっているので、その両方を持つことで幸福感と調和が得られるのです。

パリは、ランジェリーの価値や効果を学ぶのにもってこいの街です。街のいたるところにロマンスやセンシュアリティがあふれています。キスをしているカップルもたくさんいます。ロダン美術館の庭園を歩いてみてください。彫刻までもがキスしています。ただし、彫刻作品の熱気にあてられてクラッとするかもしれませんから、気つけ薬をお忘れなく。フランス人には、全身全霊で人を愛し、自分を愛するようなところがあるのです。

でも、自分を愛しすぎるのは、悪いことなどではありません。

18世紀の哲学者ジャン＝ジャック・ルソーによれば、自分への愛には、「amour proper（利己愛）」と「amour de soi（自己愛）」の2種類があるそうです。「amour proper」というのは、利己心にもとづく自分への愛で、プライドや虚栄心といった形で表れる自己陶酔的な愛のことです。

一方「amour de soi」は、個人的な幸福だけに関与し、満足感を得たいとか、自分を大事にしたいという基本的な欲求にもとづくものです。わたしたちはこの「amour de soi」を生まれながらに持っていますが、育てていく必要があります。

そして、ランジェリーは、こちらの愛を育てるのに役立ちます。「amour de soi」はほったらかしにされることが多いので、育てる必要があるのです（おもしろいことに、フランスのランジェリーブティックの名前には「Amour de Soi」が多いですし、シルクを意味する「soie」と「soi（自分）」を語呂合わせした「Amour de Soie」という名前も多いです）。

決まったものや慣れたものを身につけたり、予測可能な範囲のものだけを身につけるのは簡単です。でもわたしたちはランジェリーを通じて、それまでの自分を超え、新しい感覚や夢、可能性の領域に入ることもできるのです。

わたしはフランス語を学ぶうちに、耳を傾けることが大事だと思うようになりました。そして、自分の体のささやき声にも耳を傾けるようになりました。そんなふうに考え方が変わったことが、それまでのわたしにとっては意味を持たなかった衣料分野「ランジェリー」を理解するのに役立ちました。

わたしにとってよくわからない、とっつきにくいアイテムでしかなかったもののおかげで、自分の周囲や自分自身に対して、親しみと心の安らぎを覚えることができるようになりました。

ランジェリーのおかげで、自分の体の美しさや動きを既成観念にとらわれずに判断し、より美しい体、より洗練された動きを目指せるようになったのです。

ランジェリーは、ファッションと同じくらい、自分を表現できるものです。あなたがランジェリーを、自分というものを内に向けても外に向けても表現していく手段としていくために、この本を役立てていただけたら幸いです。

あなたの体や、あなたの周りの世界との新しいつながりを開拓してください。あなたの言語が何であれ、ランジェリーは、自分を愛し、堂々と生きる人生への招待状なのです。

キャスリン・ケンプ・グリフィン

人生を美しく生きる女は　服の下から美しい
フランス女性に学ぶ　大人のランジェリーのすべて

発行日　2016年　12月20日　第1刷

Author　Kathryn Kemp-Griffin

Translator　坂東智子（下訳）
翻訳協力：株式会社トランネット http://www.trannet.co.jp/
Illustrator　青山タルト（カバー、本文特色部分）
Paloma Casile　（本文スミ部分）
Book Designer　加藤京子（Sidekick）

Publication　株式会社ディスカヴァー・トゥエンティワン
〒102-0093　東京都千代田区平河町 2-16-1 平河町森タワー 11F
tel. 03-3237-8321（代表）　**fax.** 03-3237-8323　http://www.d21.co.jp

Publisher & Editor　干場弓子

Marketing Group
Staff　小田孝文　井筒浩　千葉潤子　飯田智樹　佐藤昌幸　谷口奈緒美　西川なつか　古矢薫　原大士
蛯原昇　安永智洋　鍋田匠伴　榊原僚　佐竹祐哉　廣内悠理　梅本翔太　奥田千晶　田中姫菜
橋本莉奈　川島理　渡辺基志　庄司知世　谷中卓

Productive Group
Staff　藤田浩芳　千葉正幸　原典宏　林秀樹　三谷祐一　大山聡子　大竹朝子　堀部直人　井上慎平
林拓馬　塔下太朗　松石悠　木下智尋

E-Business Group
Staff　松原史与志　中澤泰宏　中村郁子　伊東佑真　牧野類　伊藤光太郎

Global & Public Relations Group
Staff　郭迪　田中亜紀　杉田彰子　倉田華　鄧佩妍　李瑋玲　イエン・サムハマ

Operations & Accounting Group
Staff　山中麻吏　吉澤道子　小関勝則　池田望　福永友紀

Assistant Staff　俵敬子　町田加奈子　丸山香織　小林里美　井澤徳子　藤井多穂子　藤井かおり
葛目美枝子　伊藤香　常徳すみ　鈴木洋子　片桐麻季　板野千広　山浦和　住田智佳子　竹内暁子
内山典子　坂内彩　谷岡美代子　石橋佐和子

Proofreader　文字工房燦光
DTP　アーティザンカンパニー株式会社
Printing　株式会社シナノ

ISBN978-4-7993-2012-9

【 フレーム 】
ブラのパーツのひとつ。カップをおさめている土台。「クレードル」とも呼ばれている。

【 ベルト 】
ブラのパーツのひとつ。胸郭回りを包むブラの土台。

【 ボーイショーツ 】
パンティのタイプのひとつ。お尻の丸みがかろうじて隠れるミッドライズのパンティ。フランスでは「ショーティ」と呼ばれている。

【 ホールドアップ・ストッキング 】
太もも丈ストッキングのタイプのひとつ。ガーターベルトを使わずに着用できるタイプ。上端部分が伸縮性のある素材で作られ、ストッパーになっている。「ステイアップ・ストッキング」とも呼ばれている。

【 ボクサー 】
パンティのタイプのひとつ。お腹とお尻をぐるりと覆う形のパンティ。

【 ホック部分 】
ブラのパーツのひとつ。ブラを着脱するためのもの。もっともよく使われているのは、かぎホック式の留め具。

【 ポリアミド 】
合成繊維の一種。ヨーロッパでの「ナイロン」の呼称。

【 ミニマイザーブラ 】
バストを平らにして、ボリュームを減らすブラ。

【 モールドカップブラ 】
縫い目がなく、形がついているタイプ。

【 モックシーム・ストッキング 】
太もも丈ストッキングのタイプのひとつ。フルファッション・ストッキングのバックシームに似せて、ラインをつけたタイプ。

【 ライクラ 】
エラスタイン、または、スパンデックスの商標名。日本ではポリウレタン。

【 ラウンジウェア 】
エレガントな普段着に使われる言葉。

【 ラステックス 】
芯に伸縮性のある素材を使った糸。ストレッチ生地に使われる。

【 ランジェリー 】
とびきりの感覚をもたらす力があるために着用される下着類。

【 リバーレース 】
リバー織機で織られたレース生地。リバー織機を使うことで、複雑な模様を作ることができる。縦糸と横糸を織って作られるレース生地は、リバーレースだけで、ほかのレース生地は編んで作られている。

【 リヨセル 】
半合成繊維の一種。セルロースから作られるレーヨンの一種。

【 ワスピー 】
ウエストを引き締めるための幅広のベルト。ストッキングを吊るすストラップがついたものもある。

【 パンティ 】
下着ではあるが、ボディアートにもなる。

【 バンドゥ 】
胸回りを覆う、肩ひものないブラや水着。

【 ビキニ 】
パンティのタイプのひとつ。股上が浅い、ハイレグカットのパンティ。

【ビスコース 】
半合成繊維の一種。再生セルロースからなる化学繊維。「レーヨン」と同じ。

【 ビスチエ 】
コルセットに似たタイトな下着。コルセットより丈が短く、コルセットほど体を締めつけない。ビスチエは、ブラつきではあるが、バストをきれいに見せるというより、バストを持ち上げ、強調する作りになっている。

【 ヒップスター（ローライズタイプ）】
パンティのタイプのひとつ。ビキニとボーイショーツのあいだをとったような形のショーツ。

【 太もも丈ストッキング 】
ガーターベルトで吊るす、太ももまでを覆うストッキング。糸を織って作られるものと糸を編んで作られるものがある。少なくとも一度は試してみるべき。

【 プッシュアップブラ 】
ブラのタイプのひとつ。角度のついたカップが、バストを寄せて谷間を作り、ボリュームを演出する。

【 ブラ 】
バストを支える下着。女性たちは生涯にわたって自分に合うものを見つけ出そうとする。「ブラジャー」の項も参照のこと。

【 ブラジャー 】
「brassiere（ブラジャー）」は、もともとは少年のアンダーシャツを表すのに使われたフランス語（フランス語では「ブラシエール」）。その言葉が、20 世紀初頭にアメリカで、バストを支える新しいアイテムを表すのに使われるようになった。年月を経て、「ブラ」に短縮された。

【 ブラバック・エクステンダー（延長ホック）】
ブラのベルトの長さを延ばすために、ホック部分に取りつけるアイテム。

【 ブラパッド 】
バストをボリュームアップするために、カップの中に入れるパッド（通常は、スポンジやゲルでできている）。

【 プランジブラ 】
ブラのタイプのひとつ。センターゴアの位置が低いタイプ。谷間を作り、襟ぐりが深くあいた服を着るときに役立つ。

【 ブリーフ 】
クラシックなパンティの形と考えられている。股上の深いものも浅いものもあるが、お腹とお尻をすっぽり覆う。

【 フルカップブラ 】
ブラのタイプのひとつ。カップがバスト全体を覆うタイプ。

【 フルファッション・ストッキング 】
太もも丈ストッキングのタイプのひとつ。平面の生地を編み、それを縫い合わせたタイプ。縫い合わせた部分がバックシームになる。

【 フルフル 】
レースやリボン、チョウ結びのリボン、フリルなどがたっぷりついているさまを表現するフランス語。

【 ジャカード織機 】
ジョゼフ・ジャカール（1752〜1834年）が発明した自動織機。穴のあいたパンチカードで糸の動きを制御し、複雑な模様を作り出すことができる。この織機をレース生地作りに使うことで、どんな模様も作れるようになり、レース生地産業が飛躍的に成長した。

【 シュミーズ 】
長めのシャツ、あるいはスリップ。シルクや綿などの繊細な生地で作られ、レースや刺しゅうで装飾されていることが多い。

【 セクシー 】
セックスをあからさまに連想させるさま。衣服の選択と行動によって「セクシー」と判断されることが多い。この言葉がランジェリーの宣伝に使われすぎている。

【 センシュアリティ 】
「慎み深さ」と「挑発」のあいだにある美しさや神秘的雰囲気。

【 センターゴア 】
ブラのパーツのひとつ。前中央で、2つのカップをつないでいる部分。

【 ソング 】
パンティのタイプのひとつ。タンガの半分。

【 谷間 】
2つの乳房のあいだのスペース。スペースが狭いほど、谷間が深くなる。

【 タンガ 】
パンティのタイプのひとつ。ハイレグカットで股上が浅い三角形のパンティ。

【 チュール 】
シルクや綿で作られた、軽く、透け感のある生地。

【 Tシャツブラ 】
ブラのタイプのひとつ。カップがなめらかな素材でできているタイプ。タイトなアウターからもブラが目立たない。

【 デコルテ 】
「胸元」を意味するフランス語。

【 デニール 】
糸の太さを表す単位。9000mで1gの糸の太さが1デニール。

【 デミカップブラ（ハーフカップブラ）】
ブラのタイプのひとつ。カップが斜めにカットされ、バストの半分から4分の3を覆うタイプ。

【 ニップルカバー 】
乳首が敏感な方や、乳首を恥ずかしがる方のための、円形や花びら形の接着カバー。

【 粘着式ブラ 】
貼りつけ式のブラ。ほかのブラでは不都合な場合にのみ、つけるべき。

【 ハイライズタイプ 】
パンティのタイプのひとつ。股上が深く、ヒップ全体を覆うタイプ。かつては「おばさんパンツ」と呼ばれていたことも。

【 バスク 】
体にぴったりした女性用胴着。コルセットほどの圧迫感はない。「ゲピエール」の項も参照のこと。

【 バルコネットブラ 】
ブラのタイプのひとつ。カップが浅く、バストの下半分を覆うタイプで、持ち上げ効果があり、スクエアなデコルテラインを作る。肩ひもはカップの外側の端についている。

【 コルセレ・ゴルジュ 】
1889年に、エルミニー・カドールがパリ万国博覧会に出品したツーピースのコルセットの名称。エルミニー・カドールが、現在のブラのパイオニアとされている。

【 サイドベルト（ウィング）】
ブラのパーツのひとつ。カップと留め具のあいだの部分。

【 サテン 】
柔らかく、光沢のある生地。

【 三角ブラ 】
三角形のブラ。バストを覆うが、サポート力はない。

【 シームレスタイプ 】
パンティのタイプのひとつ。パンティのラインがアウターに浮き出るのを防ぐために、縫い目を作らない製法で作られている。

【 シェイプウェア 】
体型を整えるための下着。スパンデックスの割合が多い生地で作られている。

【 ショーティ 】
パンティのタイプのひとつ。「ボーイショーツ」のフランスでの呼称。お尻の丸みがかろうじて隠れるミッドライズのパンティ。

【 触覚 】
ランジェリーに関しては、もっとも重要な感覚のひとつ。

【 シルク（絹）】
天然繊維の一種。光沢のある柔らかい繊維。カイコ（幼虫）がサナギになるときに紡ぐもので、その繭からとれる。

【 soutien-gorge（スーチアン・ゴルジュ）】
「soutien」は「支え」、「gorge」は「のど」の意味なので、文字通り訳せば、「のどの支え」となるが、実際には「ブラ」を意味する。この語が初めてラルース仏語辞典に掲載されたのは1904年。俗称は「soutif（スーティフ）」。

【 スカラップ 】
生地の縁が装飾的に、半円を連ねたような波型になっていること。

【 ステイアップ・ストッキング 】
太もも丈ストッキングのタイプのひとつ。ガーターベルトを使わずに着用できるタイプ。上端部分が伸縮性のある素材で作られ、ストッパーになっている。「ホールドアップ・ストッキング」とも呼ばれている。

【 ストラップレスブラ 】
ブラのタイプのひとつ。肩ひもがないタイプ。背中があいた服を着るときに着用されることが多い。

【 スパンデックス 】
合成繊維の一種。伸縮性に優れている。北アメリカ以外の地域では、「エラスタイン」の呼称がよく使われている。

【 スポーツブラ 】
ブラのタイプのひとつ。体を動かしているときのバストのゆれを緩和するように設計されている。不快感を和らげ、将来のたるみを軽減できるといわれている。

【 シーム入りブラ 】
ブラのタイプのひとつ。「カット&ソーブラ」とも呼ばれ、2～3枚のパーツを縫い合わせてカップが作られている。縫い目が入っていることで、持ち上げ効果やシェイプアップ効果がある。

Glossary

［ランジェリー用語集］

【RHT】

「Reinforced Heel and Toe（つま先とかかとが補強されている）」の頭文字。


【アンダーウェア】

あなたもかつては、ご自分のブラやパンティをこう呼んでいたのでは？　いまでは、あなたが身につけているのは、もちろん「ランジェリー」です。


【アンダーワイヤー】

ブラのパーツのひとつ。ブラカップの土台に縫い込まれているU字形の金属。カップを補強し、バストの形を整える。あなたがこれを身につけていることをもっとも意識するのは、空港の金属探知機をくぐるとき（もっともプラスティック製のものもありますが）。


【イタリアン・パンティ】

ヒップ全体を覆う、高級感のあるパンティ。ハイレグタイプで、一部に透け感のあるメッシュ生地が使われている。


【ウェルト】

ストッキング上部の色の濃い部分。


【エラスタイン】

合成繊維の一種。伸縮性に優れている。アメリカでは「スパンデックス」の名で知られている。日本ではポリウレタン。


【ガーターベルト】

ベルト状の布にストッキングを吊るすストラップがついた下着。ウエストに巻いて着用する。


【肩ひも（ストラップ）】

ブラのパーツのひとつ。布、あるいはゴム製のひも。ひもの一方の端はカップに、もう一方の端は背中部分のベルトについている。


【カップ】

ブラのパーツのひとつ。バストをおさめ、支え、形作る。


【カレー】

フランス北部の都市。19 世紀にリバーレース作りを開始。その技術や専門知識は代々受け継がれ、いまでも当時と同じ機械を使ってリバーレースを生産している。


【ギピュールレース】

「オープン・レース」と呼ばれることが多いが、実際には刺しゅう生地。土台となる布に模様を刺しゅうし、その後、土台の布を化学的に溶かして、模様の部分だけを残したもの。


【キャミソール】

軽い生地で作られた、袖のない繊細なトップス。レースで装飾されていることが多い。


【キュロット】

「パンティ」を意味するフランス語。


【クラシックタイプ】

パンティのタイプのひとつ。股上の深いものも浅いものもあるが、お腹とお尻をすっぽり覆う。「ブリーフ」の項も参照のこと。


【ゲピエール】

ブラとビスチェとガーターベルトがひとつになったオールインワンタイプの下着。


【コルセット】

胴体に巻き、ひもできつく縛り上げて胴体を形作る下着。これをつけることで、ウエストのくびれが明確になり、バストが強調される。

■ パッシー地区

エレス
住所　6 rue Guichard　75016 Paris
(ギシャール通り6番地)
メトロ　La Muette (ラ・ミュエット駅)
ウェブサイト　www.eres.fr
エレスの店はほかにもあります。興味をお持ちの方はブランドのウェブサイトへ。

プリンセス　タム・タム
住所　4 rue Guichard　76016 Paris
(ギシャール通り4番地)
メトロ　La Muette (ラ・ミュエット駅)
ウェブサイト　www.princessetamtam.com
プリンセス　タム・タムの店はほかにもあります。興味をお持ちの方はブランドのウェブサイトへ。

■ モンソー地区

オーバドゥ
住所　93 rue de Courcelles　75017 Paris
(クールセル通り 93 番地)
メトロ　Courcelles (クールセル駅)
ウェブサイト　www.aubade.fr
オーバドゥの店はほかにもあります。興味をお持ちの方はブランドのウェブサイトへ。

ルイーズ・フィエール (仕立て屋)
住所　102 rue des Dames　75017 Paris
(ダム通り102番地)
電話　+33 (0)1 42 93 17 76 (要予約)
メトロ　Villiers; Rome
(ヴィリエ駅、またはローム駅)
ウェブサイト　www.louisefeuillere.com
オーダーメイドのランジェリー――キャミソール、コルセット、ナイトガウン、ブラ、パンティなど――を提供しています。

■ パリ近郊

ニュイ・ド・サテン (ショールーム)
住所　156 Boulevard du Général de Gaulle
(ジェネラル・ド・ゴール通り156番地)
92380 Garches (ギャルシュ)
電話　+33 (0)1 47 95 44 17 (要予約)
鉄道　Garches–Marnes-La-Coquette(ギャルシュ - マルヌ = ラ = コケット駅)
ウェブサイト　www.nuitsdesatin.com
19世紀のコルセットや水着など、数多くのヴィンテージランジェリーを展示しています。

ヴァニナ・ヴェスペリーニ
住所　16 Passage de la Gêole 1er étage
(ラ・ジョール通り 16 番地1階)
78000 Versailles (ヴェルサイユ)
メトロ　Versailles Rive Droite
(ヴェルサイユ・リヴ・ドロワ駅)
ウェブサイト　www.vanninavesperini.com
ショールームを兼ねるブティック。カラフルなシルクやレースの大胆なランジェリーが並んでいます。

フィフィ・シャシュニル
住所　34 rue de Grenelle　75007 Paris
（グルネル通り 34 番地）
メトロ　Sèvres–Babylone; Rue du Bac
（セーヴル = バビロン駅、またはリュー・デュ・バック駅）
ウェブサイト　www.fifichachnil.com
フィフィ・シャシュニルの店はほかにもあります。興味をお持ちの方はブランドのウェブサイトへ。

アンプリスィット
住所　4 rue de Babylone　75007 Paris
（バビロン通り４番地）
メトロ　Sèvres–Babylone
（セーヴル = バビロン駅）
ウェブサイト　www. implicite-lingerie.fr
ブランドのスタイルと同様に、モダンな店。グラフィックなデザインのコンテンポラリーでカラフルなランジェリーが並んでいます。

リズ・シャルメル
住所　7 rue du Cherche-Midi
75006 Paris
（シェルシュ = ミディ通り７番地）
メトロ　Sèvres–Babylone; Saint-Sulpice
（セーヴル = バビロン駅、またはサン・シュルピス駅）
ウェブサイト　www.lisecharmel.com
リヨンを本拠とするリズ・シャルメルは、最近、はじめてパリに路面店を構え、高級マンションの１階にあるそのブティックにランジェリーを並べ、顧客を迎えるようになりました。

プリンセス　タム・タム
住所　4 rue de Sèvres　75006 Paris
（セーヴル通り４番地）
メトロ　Sèvres–Babylone
（セーヴル = バビロン駅）
ウェブサイト　www.princessetamtam.com
プリンセス　タム・タムの店はほかにもあります。興味をお持ちの方はブランドのウェブサイトへ。

サビア・ローザ
住所　73 rue des Saints-Pères
75006 Paris
（サン＝ペール通り 73 番地）
メトロ　Saint-Germain-des-Près
（サン = ジェルマン = デ = プレ駅）
１９７６年にオープン。モネット・モアティがひとりで店を切り盛りしています。高級なシルクのランジェリーが専門で、華やかな色彩のキャミソールやナイトガウンが並んでいます。

ボン・マルシェ（百貨店）
住所　24 rue de Sèvres　75007 Paris
（セーヴル通り 24 番地）
メトロ　Sèvres–Babylone
（セーヴル = バビロン駅）
ウェブサイト　www.lebonmarche.com
おしゃれで洗練されたランジェリー売り場がある、パリっ子好みの世界最古の百貨店。

オディール・ドゥ・シャンギィ

住所　6 rue du Pont aux Choux
75003 Paris
（ポントシュー通り6番地）
メトロ　Saint-Sebastien–Froissart
（サン＝セバスチャン＝フロワサール駅）
ウェブサイト　www.odiledechangy.fr
アトリエを兼ねるブティック。オディールの素晴らしいランジェリーは昔を思い出させます。

プリンセス　タム・タム

住所　29 rue des Francs Bourgeois
75004 Paris
（フラン・ブルジョワ通り29番地）
メトロ　Saint-Paul（サン＝ポール駅）
ウェブサイト　www.princessetamtam.com
プリンセス　タム・タムの店はほかにもあります。興味をお持ちの方はブランドのウェブサイトへ。気取りのない、あたたかな雰囲気の店内に、トレンディでフェミニンなランジェリーが並んでいます。

シモーヌ・ペレール

住所　84 rue François Miron
75004 Paris
（フランソワ・ミロン通り84番地）
メトロ　Saint-Paul（サン＝ポール駅）
ウェブサイト　www.simone-perele.com
オープンしたばかりのブティック。このブランド独特のスタイルと専門知識がうかがえます。

イゼ

住所　117 rue Vieille du Temple
75003 Paris
（ヴィエイユ・デュ・タンプル通り117番地）
メトロ　Filles du Calvaire
（フィーユ・デュ・カルヴェール駅）
ウェブサイト　www.yse-lingerie.com
小さなバスト専門のブランド。このブランドのスタイルと同様に、店もシンプルでエレガントです。

■ サン＝ジェルマン＝デ＝プレ地区

エージェント・プロヴォケイター

住所　38 rue de Grenelle　75007 Paris
（グルネル通り38番地）
メトロ　Sèvres–Babylone; Rue du Bac
（セーヴル＝バビロン駅、またはリュー・デュ・バック駅）
ウェブサイト　www.agentprovocateur.com
エージェント・プロヴォケイターの店はほかにもあります。興味をお持ちの方はブランドのウェブサイトへ。

カリーヌ・ジルソン

住所　18 rue de Grenelle　75007 Paris
（グルネル通り18番地）
メトロ　Sèvres–Babylone; Rue du Bac
（セーヴル＝バビロン駅、またはリュー・デュ・バック駅）
ウェブサイト　www.carinegilson.com
ベルギーのブランド。ショールームを兼ねた上品なブティックに、高級なシルクとレースの洗練されたランジェリーが並んでいます。

エミリア・コジ（セレクトショップ）

住所　20 rue Saint-Sulpice　75006 Paris
（サン＝シュルピス通り20番地）
メトロ　Odéon（オデオン駅）
ウェブサイト　www.emiliacosi.com
有名ブランドのおしゃれなランジェリーばかりをたくさん集めた高級ランジェリーショップ。

エレス

住所　4 bis rue du Cherche-Midi
75006 Paris
（シェルシュ＝ミディ通り4－2番地）
メトロ　Sèvres–Babylone
（セーヴル＝バビロン駅）
ウェブサイト　www.eres.fr
エレスの店はほかにもあります。興味をお持ちの方はブランドのウェブサイトへ。

■ カンボン通り〜サントノーレ通り

エージェント・プロヴォケイター
住所　12 rue Cambon　75001 Paris
（カンボン通り 12 番地）
メトロ　Concorde（コンコルド駅）
ウェブサイト　www.agentprovocateur.com
エージェント・プロヴォケイターの店はほかにもあります。興味をお持ちの方はブランドのウェブサイトへ。エージェント・プロヴォケイターは世界的な人気を集めているイギリスのブランド。つつましく誘惑したい方向けのエレガントなランジェリーを提供しています。

カドール
住所　4 rue Cambon　75001 Paris
（カンボン通り4番地）
メトロ　Concorde（コンコルド駅）
ウェブサイト　www.cadolle.fr
１８８９年から、オーダーメイドの高級ランジェリーを作り続けているパリの老舗。

シャンタル・トーマス
住所　211 rue Saint-Honoré
75001 Paris
（サントノーレ通り２１１番地）
メトロ　Tuileries（テュイルリー駅）
ウェブサイト　www.chantalthomass.com
大胆かつフェミニンで、つねにエレガンスを忘れない人気デザイナー、シャンタル・トーマスの上品なブティック。

フィフィ・シャシュニル
住所　68 ruc Jean-Jacques Rousseau
75001 Paris
（ジャン＝ジャック・ルソー通り 68 番地）
メトロ　Louvre–Rivoli
（ルーヴル＝リヴォリ駅）
ウェブサイト　www.fifichachnil.com
フィフィ・シャシュニルの店はほかにもあります。興味をお持ちの方はブランドのウェブサイトへ。このブランドにぴったりの、レトロ調でフリルがたっぷりのかわいらしいブティック。

パロマ・カシール
住所　10 rue du Jour　75001 Paris
（ジュール通り 10 番地）
メトロ　Louvre–Rivoli
（ルーヴル＝リヴォリ駅）
ウェブサイト　www.palomacasile.com
パロマのブティックは、アトリエとデザインスタジオ、ショールームを兼ねています。大胆でものすごく魅惑的なコレクションが並んでいます。

■ マレ地区

オーバドゥ
住所　33 rue des Francs Bourgeois
75004 Paris
（フラン・ブルジョワ通り 33 番地）
メトロ　Saint-Paul（サン＝ポール駅）
ウェブサイト　www.aubade.fr
オーバドゥの店はほかにもあります。興味をお持ちの方はブランドのウェブサイトへ。

ドールハウス
住所　27 rue du Roi de Sicile
75004 Paris
（ロワ・ド・シシル通り 27 番地）
メトロ　Saint-Paul（サン＝ポール駅）
ウェブサイト　www.dollhouse.fr
ビルの２フロアを占めるブティック。挑発的なランジェリーと大人のおもちゃを扱っています。

Shop List

［ パリのランジェリーブティック ］

＊仏語表記はウェブサイトの表記をご参照ください。

■ コンシコルド広場〜マドレーヌ広場〜オスマン通り

オーバドゥ
住所　23 rue Tronchet　75008 Paris
（トロンシェ通り 23 番地）
メトロ　Madeleine（マドレーヌ駅）
ウェブサイト　www.aubade.fr
オーバドゥの店はほかにもあります。興味をお持ちの方はブランドのウェブサイトへ。
ブドワールスタイル（貴婦人の小部屋風）のブティックに、さまざまなプリント、色彩、生地の大胆なランジェリーや関連アイテムが並んでいます。

オンプランテ
住所　13 rue Saint-Florentin
75008 Paris
（サン＝フロランタン通り 13 番地）
メトロ　Concorde（コンコルド駅）
ウェブサイト　www.empreinte.eu
通常より大きなサイズの品ぞろえに定評があります。アトリエも備えているので、顧客は自分で飾りを選んだり、イニシャルの刺しゅうを頼んだりすることができます。

エレス
住所　2 rue Tronchet　75008 Paris
（トロンシェ通り 2 番地）
メトロ　Concorde（コンコルド駅）
ウェブサイト　www.eres.fr
エレスの店はほかにもあります。興味をお持ちの方はブランドのウェブサイトへ。
店内の装飾を最低限に抑えて、高級ランジェリーと水着をディスプレイしたブティックが、エレスのモダンながらも時代を超えたスタイルを雄弁に物語っています。

ギャラリー・ラファイエット（百貨店）
住所　40 boulevard Haussmann
75009 Paris
（オスマン通り 40 番地）
メトロ　Havre–Caumartin
（アーヴル＝コマルタン駅）
ウェブサイト　www.galerieslafayette.com
ギャラリー・ラファイエットは世界的に知られている百貨店。複数のブランドのはしごができます。

ラ・ペルラ
住所　20 rue du Faubourg Saint-Honoré
75008 Paris
（フォーブール・サント＝ノレ通り 20 番地）
メトロ　Concorde（コンコルド駅）
ウェブサイト　www.laperla.com
（日本語版は www.laperla.com/jp/）
ラ・ペルラの店はほかにもあります。興味をお持ちの方はブランドのウェブサイトへ。
ラペルラは、洗練されたエレガントなスタイルで知られるイタリアのブランド。

プランタン（百貨店）
住所　64 boulevard Haussmann
75009 Paris
（オスマン通り 64 番地）
メトロ　Havre–Caumartin
（アーヴル＝コマルタン駅）
ウェブサイト　www.departmentstoreparis.printemps.com
最近、ランジェリー売り場がリニューアルオープン。しゃれたスペースにたくさんのブランドのコーナーが並んでいます。

パロマ・カシール
Paloma Casile ★★★

スタイル ブラック、レース、上品

得意分野 ブラ&パンティ

ウェブサイト www.palomacasile.com

パロマは2012年に、自分の名前を冠したブランドを立ち上げました。類を見ないほど挑発的で独自のスタイルを持つブランドです。パロマのコレクションは、三角ブラであれ、足首まであるレースのボディスーツであれ、とても大胆です。彼女のデザインは、この本のイラストと同様、生き生きとしていてモダンで、センシュアルです。

プリンセス タム・タム
princesse tam tam ★

スタイル 流行に敏感、遊び心、繊細

得意分野 ブラ&パンティ

ウェブサイト www.princessetamtam.com

1985年創業。ブランドの名前はジョセフィン・ベイカー主演の1935年のフランス映画『Princesse Tam-Tam (邦題は『タムタム姫』)』に由来します。このブランドは生き生きとした明るいスタイルが特徴で、楽しいプリントや色とりどりのソフトな素材で作られたランジェリーは、気楽で自然なエレガンスを求める女性たちの人気を集めています。

シモーヌ・ペレール
Simone Pérèle ★★

スタイル エレガント、洗練されたスタイル、繊細

得意分野 ブラ&パンティ

ウェブサイト www.simone-perele.com

(*訳注：日本ではワコール扱い。公式サイト www.wacoal.jp/import/perele/)

仕立て屋だったシモーヌ・ペレールが1948年に創業。彼女の洗練されたスタイルは、いまにいたるまで受け継がれ、女性らしさと時代を超えたエレガンスを表現できるランジェリーを生み出しています。上質な生地を使い、ディテールにこだわったランジェリーは、女性の美しさを引き立て、見た目の美しさと抜群の着心地の両方を実現します。

ヴァニナ・ヴェスペリーニ
Vannina Vesperini ★★★

スタイル 流行に敏感、色鮮やか、エレガント

得意分野 ライフスタイル

ウェブサイト www.vanninavesperini.com

色に夢があるとしたら、デザイナーのヴァニナ・ヴェスペリーニの夢は、テクニカラーの中にあるに違いありません。彼女は1996年に自身の名を冠したブランドを創業。色鮮やかなシルクとレースを使ったランジェリーは、すぐに人気を集めました。ヴァニナは「部屋着になるランジェリー」のパイオニアのひとり。ヴァニナのキャミソールなら、デイウェアにもイブニングウェアにもなり、夏も冬も使えます。

イゼ
Ysé ★★

スタイル モダン、ナチュラル、繊細

得意分野 ブラ&パンティ

ウェブサイト www.yse-lingerie.com

イゼは「小さいことはいいことだ」という考え方から誕生した、AカップとBカップ専門のブランドです。ランジェリーもファッションの一部とみなし、生地にはカレー産のレースやシフォン、マイクロファイバーを使っています。デザインは斬新なものが多く、シンプルでエレガントなランジェリーが、小さいバストに不足しがちなセンシュアリティをもたらします。

ルー
Lou　★★

スタイル　はつらつとした、カッコいい、エレガント

得意分野　ブラ&パンティ

ウェブサイト　www.loulingerie.com

（＊訳注：日本ではdoll社扱い。www.doll-daiyo.co.jp/）

ルーは「恋」から生まれたブランドです。若者（アンドレ）と女性（ルシアン）がオリエント急行の中で出会い、１９４６年に、ルーの前身となるブランドを立ち上げました。ルーのデザイナーたちは、インスピレーションとおしゃれなスタイルを求めてファッション界にも目を向け、明るい色彩、今風のデザインのランジェリーを提供しています。

マダム・エーム
Madame Aime　★★★

スタイル　流行に左右されない、エレガント、上品

得意分野　ブラ&パンティ

ウェブサイト　www.madame-aime.com

2014年創業。ファッショナブルな生き方を提案するブランドで、ブラのエキスパートたちがデザイナーを務めています。このブランドのランジェリーは、幾何学柄に特徴があり、凝ったディテールと絶妙な色彩を組み合わせて、モダンでフェミニンなシルエットを作り上げます。

メゾン・クローズ
Maison Close　★★

スタイル　エロチック、上品、自由

得意分野　ブラ&パンティ

ウェブサイト　www.maison-close.com

メゾンクローズは、自由を享受したベル・エポックからインスピレーションを得て、性的魅力や誘惑の自由を表現するランジェリーを提供しています。２００６年の創業以来、タブーに挑戦し、ヌードの認知に努めています。メゾンクローズはブランドというよりも、ひとつの哲学、欲望とちょっとした反抗を大事にするひとつの生き方といえるのかもしれません。

メゾン・レジャビー
Maison Lejaby　★★

スタイル　上品、エレガント、誘惑的

得意分野　ブラ&パンティ

ウェブサイト　www.maisonlejaby.com

１８８４年創業のフレンチランジェリーの老舗ですが、正式にブランドを立ち上げたのは１９３０年でした。流行に敏感で、他に先駆けてライクラを取り入れるなど、イノベーションにも熱心です。とても上品で着心地も抜群のランジェリーを提供。光沢のある生地と美しい色彩を組み合わせて、フェミニンで魅力的なランジェリーに仕上げています。

マルジョレーヌ
Marjolaine　★★★

スタイル　シルク、レース、精緻

得意分野　ライフスタイル

ウェブサイト　www.marjolaine.fr

１９４７年創業のファミリーメーカー。布地にはめ込むレース使いに特徴があります。レースをはめ込むには、正確な手仕事を必要とします。まずレースをカットし、レースのカーブに沿って布地に縫いつけますが、糸がレースのカーブにぴったり沿うように縫わねばなりません。シルク生地に色の異なるレースがはめ込まれたスリップやナイトガウンは、流れるように体を覆い、体の丸みに陰影をつけて、魅惑的な曲線美を生み出します。

す。シルクやレース、チュールで作られたブラやブルマー、ベビードールのコレクションは、レトロ調で、ロマンにあふれています。まさに「フリルあるところにスリルあり」です。

ユイット
Huit ★

スタイル 流行に敏感、クリエイティブ、上品

得意分野 ブラ&パンティ

ウェブサイト www.huit.com

「Huit」は数字の「8」の意味。この数字の形は、女性の体に似ていますし、横にすれば、無限大の記号になり、女性のバストにも似ています。1968年創業。流行に敏感なブランドで、スタイリッシュなデザインを好む若い女性たちに人気があります。

アンプリスィット
Implicite ★

スタイル 華やか、先鋭的、グラフィカル

得意分野 ブラ&パンティ

ウェブサイト www.implicite-lingerie.fr

「Implicite」の意味は「暗黙の」。その名が示唆しているとおり、情熱と冒険を求めている女性向けのスタイリッシュなランジェリーを提供しています。アンプリスィットはランジェリーメーカー、シモーヌ・ペレール・グループが2007年に立ち上げたブランド。アンプリスィットのランジェリーは、華やかさと上品さ、ミステリアスな魅力にあふれています。現代的なカットと大胆な刺しゅうを使った、とびきりのグラフィック模様に特徴があります。

レ・ジュポン・ドゥ・テス
Les Jupons de Tess ★★★

スタイル 挑発的、エロチック、エレガント

得意分野 ブラ&パンティ

ウェブサイト www.lesjuponsdetess.com

2007年創業。「Les Jupons de Tess」は「テスのペチコート」の意味。18世紀の魅力や高級売春婦の生活を表現するランジェリーを提供しています。女性らしさを前面に押し出すスタイルで、奔放な欲望を表現。体の動きや体の喜びに合わせて揺らめく、選び抜かれた素材も魅力的です。

ランジェリー・デマン
Lingerie Dement ★★★

スタイル 遊び心、大胆、驚き

得意分野 ブラ&パンティ

ウェブサイト www.lingerie-dement.com

「Dement」という言葉は、「dement／démential（羽目をはずした、非常識な）」と、「amant（恋人）／aimant（マグネット）」を語呂合わせしたもの。2010年に創業。以来、このブランドは飽くことのない欲望を生み出し、それを満たしてきました。「aimant（マグネット）」は語呂合わせにとどまりません。チョウ結びのリボンの下に小さなマグネットが縫いつけられ、取り外しができるようになっています。

リズ・シャルメル
Lise Charmel ★★★

スタイル 豪華、洗練されたスタイル、エレガント

得意分野 ブラ&パンティ

ウェブサイト www.lisecharmel.com

（＊訳注：日本では（株）リバコ扱い。www.livaco.co.jp/）

リズシャルメルは1950年代の創業以来、創造力と専門知識を駆使して、豪華なランジェリーを提供してきました。フランスやイタリアの絵画やアートからインスピレーションを得たシリーズを次々に発表するなど、色彩や刺しゅうをふんだんに取り入れた凝ったデザインを通じて、リズ・シャルメルならではの世界を開拓し続けています。

シャンタル・トーマス
Chantal Thomass ★★★

スタイル 上品、デカダン（退廃的）、小悪魔的

得意分野 ブラ&パンティ

ウェブサイト www.chantalthomass.com

（＊日本語のサイトは、www.chantalthomass.jp）

シャンタル・トーマスには、時代を読む鋭い目があるのでしょう。1970年代に、セクシーなランジェリーを発表し、ランジェリーで自分を表現したいという女性たちの欲求を目覚めさせました。1975年には、自分の名を冠したブランドを創業。以来、大胆で豪華なコレクションを発表し続けています。フリルやレースの凝ったディテールに定評があります。

シャンテル
Chantelle ★★

スタイル クラシック、コンテンポラリー、洗練されたスタイル

得意分野 ブラ&パンティ

ウェブサイト www.chantelle.com

1876年創業のファミリーメーカー。長年培った専門知識と職人技に裏打ちされたコレクションを発表。イノベーションにも力を入れ、1878年には、初めて2ウェイストレッチ（縦と横に伸びる）生地を開発。市場に革命をもたらし、伸縮素材に新たな可能性を開きました。コレクションは清潔感にあふれ、今風のデザインながらも、昔ながらのエレガンスを感じさせます。

エリゼ・オークチュリエ
Elise Aucouturier ★★★

スタイル モダン、エレガント、流行に敏感

得意分野 ブラ&パンティ、ライフスタイル

ウェブサイト www.eliseaucouturier.com

2001年創業。伝統を打ち破るようなランジェリーを提案。色づかいや生地の組み合わせに特徴があります。透け感の強いレース生地に反対色の糸や生地、質感の異なる生地を組み合わせたランジェリーは、曲線美を引き立て、とてもセクシーです。

オンプランテ
Empreinte ★★

スタイル 質が高い、エレガント、洗練されたスタイル

得意分野 ブラ&パンティ

ウェブサイト www.empreinte.eu

ブランドの名前はフランスの曲「Je ne peux effacer l'empreinte du passé（わたしは過去の痕跡を消すことができない）」に由来します。1946年創業。以来、豊満なバスト向けの魅惑的なブラを生み出してきました。選び抜かれた生地と凝ったディテールに、オンプランテのこだわりが表れています。このブランドのブラは、バストをきれいに形作り、サポート力も申し分ありません。

エレス
Eres ★★★

スタイル ミニマル、ピュア、コンテンポラリー

得意分野 ブラ&パンティ

ウェブサイト www.eresparis.com/fr

1968年に、デザイナーのイレーヌ・ルローが、水着を夏だけでなく年間を通して扱うと宣言し、女性の体のラインを美しくサポートする水着を発表して、水着業界に革命をもたらしました。1998年には、ランジェリーコレクションも発表。ランジェリーにおいても、水着と同様、計算されたカットと新しい素材で女性の体を引き立てるスタイルを確立しました。

フィフィ・シャシュニル
Fifi Chachnil ★★★

スタイル ピンク、ガーリー、水玉模様

得意分野 ブラ&パンティ

ウェブサイト www.fifichachnil.com

フィフィは、淡いピンクであれ鮮やかなピンクであれ、ピンクが大好き。彼女のデザインは女性のやさしさと強さを見事に描いていま

Brand List

［フレンチランジェリーのブランド］

日本語でのカタカナ表記が定着しているブランドのみ、ご紹介します。星は価格帯を示します。

★ミドルレンジ	50～100ユーロ	★★プレミアム	100～200ユーロ
★★★ラグジュアリー	200～450ユーロ	★★★★オートクチュール	注文仕立て

アブソリュートリー・ポム
Absolutely Pôm ★★★

スタイル 大胆、都会的、洗練されたスタイル

得意分野 ブラ&パンティ、ライフスタイル

ウェブサイト www.absolutelypom.com

2009年創業。独自のスタイルと冒険心にあふれる気鋭のブランド。異文化の要素を取り入れたり、生地の新しい組み合わせを試すことにも意欲的です。ボディスーツもあれば、ショート丈ネグリジェとショーツのセットもあるので、昼は洋服の下に、夜はアウターとして身につけることができます。

オーバドゥ
Aubade ★★

スタイル クリエイティブ、モダン、贅沢

得意分野 ブラ&パンティ

ウェブサイト www.aubade.fr

（＊訳注：日本語のサイトは www.aubadestore.jp/）

「Aubade」は「夜明けのセレナーデ」の意味。1875年創業。「魅惑のレッスン」と称する広告で知られています（レッスン3をご覧ください）。レースやプリント生地、刺しゅう、チョウ結びのリボンを大胆に組み合わせて、色彩と感性にあふれる、刺激的なコレクションを生み出しています。

バルバラ
Barbara ★★

スタイル 控えめ、エレガント、イノベーティブ

得意分野 ブラ&パンティ

ウェブサイト www.barbara.fr

1926年創業。他に先駆けてストレッチレースを使うなど、つねに新しい素材やテクノロジーを追求し、デザインと快適さの向上に努めています。「Barbara, c'est moi!（バーバラ、それが私よ！）」のキャッチコピーに惹かれて、たくさんの女性たちがこのブランドに親近感を抱いています。

カドール
Cadolle ★★★★

スタイル 流行に左右されない、エレガント、贅沢

得意分野 ブラ&パンティ、オーダーメイドのランジェリー

ウェブサイト www.cadolle.fr

ブラを考案したエルミニー・カドールが1889年に創業。以来、カドール家の娘さんたちがブランドを受け継いできました。代々受け継がれた専門知識と、新しいテクノロジーや素材を融合させて、センシュアリティと自由を表現するランジェリーを発表しています。

セルヴァン
Cervin ★

スタイル 華やか、セダクション、レトロ

得意分野 ガーターベルト&ストッキング

ウェブサイト www.cervin-store.com

セルヴァンは1918年の創業以来、美しい脚の実現に専念し、ガーターベルトでつける伝統的なストッキングのデザイン、製造を続けてきました。いまでは、フルファッション・ストッキングの作り方やつけ方を知る人はごく少なくなりましたが、セルヴァンのおかげで、心地よい肌触りを求めている人のだれもが、太もも丈ストッキングを手に入れることができます。

［付録］

The Secrets of French Lingerie

保存版

Brand List
Shop List
Glossary